新媒体内容制作

主编 郭凤玲 林嘉谊
副主编 李晓翔 冯青蓝 马嘉昕

电子工业出版社
Publishing House of Electronics Industry
北京·BEIJING

内 容 简 介

本教材为"课、岗、赛、训"新形态一体化教材,用"校企合作,双元开发"的方式,立足于岗位,对接 1+X 自媒体运营职业技能等级标准及职业技能竞赛,内容主要包括新媒体内容创作认知、新媒体图文创作、新媒体短视频内容创作、新媒体直播内容创作。

本教材适合中职、高职电子商务、网络营销、计算机应用等专业学生进行学习与实践,适配新媒体营销及文案编辑类课程教学,也适合热爱新媒体或想就职自媒体岗位的自由创业人士入门学习。

未经许可,不得以任何方式复制或抄袭本书之部分或全部内容。
版权所有,侵权必究。

图书在版编目(CIP)数据

新媒体内容制作 / 郭凤玲,林嘉谊主编. -- 北京:电子工业出版社, 2025. 6. -- ISBN 978-7-121-50692-5

Ⅰ. G206.2

中国国家版本馆 CIP 数据核字第 2025H29Y28 号

责任编辑:陈　虹　　文字编辑:张　彬
印　　刷:北京建宏印刷有限公司
装　　订:北京建宏印刷有限公司
出版发行:电子工业出版社
　　　　　北京市海淀区万寿路 173 信箱　　邮编:100036
开　　本:880×1230　　1/16　　印张:15　　字数:346 千字
版　　次:2025 年 6 月第 1 版
印　　次:2025 年 10 月第 2 次印刷
定　　价:45.00 元

凡所购买电子工业出版社图书有缺损问题,请向购买书店调换。若书店售缺,请与本社发行部联系。联系及邮购电话:(010) 88254888,88258888。

质量投诉请发邮件至 zlts@phei.com.cn,盗版侵权举报请发邮件至 dbqq@phei.com.cn。

本书咨询联系方式:chitty@phei.com.cn。

前言

在互联网技术更新迭代的时代，信息被赋予更多意义与价值，数字经济便是一大热点例证。与此同时，信息传递方式日益多元，涵盖文字、图片、音频、视频等。尽管文字是一种传统媒介，却在信息传递领域始终占据不可撼动的地位。例如，在实际应用中，文字的应用场景十分广泛，信息一部分以纯文字形式呈现，另一部分则借助图片、视频、音频与文字配合的形式呈现。

文案类课程在职业教育的很多专业都有开设，但是目前市面上的教材比较少，内容理论丰富但实操性不强，因此，为了让读者全面理解文案的意义与价值、体验文案编写的过程、全面激发其写作的兴趣、与社会行业需求紧密接轨，编写团队特意精心打造了《新媒体内容制作》教材。

本教材的编写团队成员长期从事新媒体写作、新媒体运营等课程的教学，同时从事新媒体平台内容创作实践，积累了大量的实战经验及教学经验。

本教材分别从新媒体内容创作认知、新媒体图文创作、新媒体短视频内容创作、新媒体直播内容创作4个项目进行介绍，项目下设置活动。每个活动都配有活动工卡，供学生总结实践内容、提升实践效果，供教师驱动学生自主探究、批改实践作业、检查学习效果。

本教材内容对接字节跳动公司的1+X自媒体运营职业技能等级标准，配套的信息化资源、部分案例和教学项目来源于校企合作企业，以此保证教材内容的时代性、专业性和前沿性，以便有效地培养学生的双创精神和自主学习能力。

本教材由郭凤玲、林嘉谊担任主编，由李晓翔、冯青蓝、马嘉昕担任副主编。由于编者水平有限，书中难免存在疏漏与不妥之处，恳请广大读者和同行专家批评指正。

编　者

目录

项目一 新媒体内容创作认知 1

任务一 认识新媒体 2
活动一 了解新媒体 3
活动二 了解新媒体内容的形式和特点 7

任务二 新媒体编辑岗位 14
活动一 了解岗位的工作内容 14
活动二 了解岗位的能力要求 17

项目二 新媒体图文创作 20

任务一 小红书种草文案创作实战 21
活动一 小红书图文标题撰写 22
活动二 小红书配图制作 26
活动三 小红书正文写作 35

任务二 微信公众号图文创作实战 42
活动一 微信公众号推文标题写作 43
活动二 微信公众号推文创作 47

任务三 H5创作实战 56
活动 H5文案内容创作 57

项目三　新媒体短视频内容创作 ····· 64

任务一　前期：账号分析与内容策划 ····· 65

活动一　短视频账号分析 ····· 65

活动二　短视频内容策划 ····· 70

任务二　中期：脚本制作与拍摄 ····· 75

活动一　短视频脚本制作 ····· 76

活动二　短视频拍摄 ····· 81

任务三　后期：剪辑 ····· 89

活动　短视频后期剪辑 ····· 89

项目四　新媒体直播内容创作 ····· 98

任务一　选品 ····· 99

活动　直播选品 ····· 100

任务二　直播脚本制作 ····· 105

活动一　整场直播脚本制作 ····· 105

活动二　单品直播脚本制作 ····· 110

任务三　直播预热与执行 ····· 115

活动一　直播预热 ····· 115

活动二　直播执行 ····· 128

附录A　活动工卡 ····· 139

活动工卡 1-1-1　了解新媒体 ····· 139

活动工卡 1-1-2　了解新媒体内容的形式和特点 ····· 145

活动工卡 1-2-1　了解岗位的工作内容 ····· 149

活动工卡 1-2-2　了解岗位的能力要求 ····· 153

活动工卡 2-1-1	小红书图文标题撰写	157
活动工卡 2-1-2	小红书配图制作	163
活动工卡 2-1-3	小红书正文写作	167
活动工卡 2-2-1	微信公众号推文标题写作	171
活动工卡 2-2-2	微信公众号推文创作	175
活动工卡 2-3-1	H5文案内容创作	179
活动工卡 3-1-1	短视频账号分析	187
活动工卡 3-1-2	短视频内容策划	191
活动工卡 3-2-1	短视频脚本制作	195
活动工卡 3-2-2	短视频拍摄	199
活动工卡 3-3-1	短视频后期剪辑	203
活动工卡 4-1-1	直播选品	207
活动工卡 4-2-1	整场直播脚本制作	211
活动工卡 4-2-2	单品直播脚本制作	217
活动工卡 4-3-1	直播预热	221
活动工卡 4-3-2	直播执行	227

项目一
新媒体内容创作认知

 项目导入

有韵味的节目多从一句贴心的话开始

当前，有深度、有韵味的综艺节目层出不穷。相信许多人都有过这样的经历：在某个时期沉迷于某一栏节目，哪怕这栏节目一个星期才播一次，在它"失约"期间，人们依旧不离不弃；在它"赴约"之后，人们念念不忘，甚至反复回看。能产生这样的节目效果，也许是节目的主题引起了人们的共鸣，也许是节目中的人物吸引了人们的注意，也许是节目的背景环境让人们心生愉悦，也许是节目的内容让人们心有所感，但更多的时候，是节目中的一句话恰好触动了人们灵魂深处的情感。下面就让我们一起来回忆一些精彩节目中的话语吧。

（1）你看你说话那么大声，这时候的山会记得，星星会记得。

（2）我们与万物同行，星辰指引方向，云与光铺展成大地的模样。

（3）人类活动促成了食物的相聚，食物的离合，也在调动人类的聚散，西方人称作"命运"，中国人叫它"缘分"。

（4）我希望在繁华尽处，寻一抹静谧，泛舟湖上，三五好友，一壶老酒，家人做伴，唱歌会友。来吧，于绿野间、阳光下，创造美好，治愈青春。

（5）流水，飞鸟，旅途，唐人用汉字演算着未知，计算着千年万里，计算着一年一月，却计算不出人心的距离。

（6）每当灶火燃起，香气弥漫，熟悉的味道植入记忆深处，家，才获得完整的意义。平淡的食材，经过一双巧手和细密的心思点亮日常，温暖彼此。万户千家，味道迥异，但幸福的滋味，却何其相同。

细读每句话，每段文字，一个个鲜活的画面似乎在我们眼前徐徐展开。

▶▶▶ 新媒体内容制作

> 思考：
> 1. 同学们，你们一般喜欢看什么节目呢？你是否记得你喜爱的节目中的一些好词佳句呢？
> 2. 那些让你印象深刻的台词激发了你什么样的情绪或情感？为什么？

学习目标

【知识目标】
- 了解新媒体的特点；
- 了解什么是文案；
- 理解文案的重要性；
- 理解与文案相关的岗位的技能要领；
- 掌握文案的分类。

【技能目标】
- 能够根据文案相关岗位的技能要求制定课程学习目标；
- 能够区分各类文案。

【素养目标】
- 培养学生对文字表达的兴趣；
- 引导学生欣赏中国文化、中国汉字，提升学生的文化自信、民族自信。

思维导图

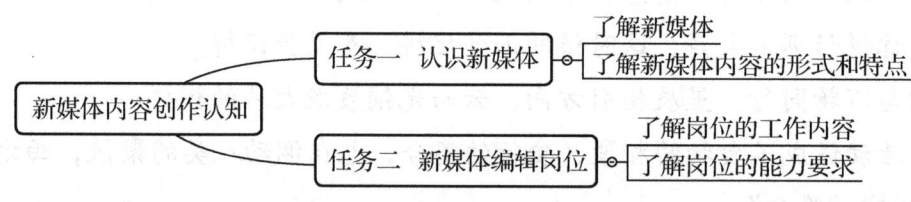

任务一　认识新媒体

任务情景

李曼婷是一名电子商务专业的中职学生，在一家新媒体公司实习，所在岗位的名称为内容编辑/文案策划。

该岗位的主要职责如下。

（1）负责公司内容策略规划。

（2）挖掘核心传播点，输出有影响力、传播力的选题及脚本。

（3）分析用户喜好，输出吸引力较强的文案内容。

（4）负责内容运营数据的整理、分析，定期提交分析报告。

（5）关注品类热门词汇、流行元素、关键词等，能够独立、主动地策划热门选题、完善内容、优化标题等。

（6）及时审核平台内容，保证内容合规。

（7）协助视频制作部门输出视频内容文案等。

该岗位对员工的技能要求如下。

（1）热爱创意和策划工作，思维灵活，想象力丰富。

（2）在文旅、历史、文学、新闻领域有深厚功底和浓厚兴趣。

（3）擅长撰写各类文章，能独立进行创作，沟通表达能力良好。

（4）具备活动组织经验和出色的文字组织能力，表达流畅、写作经验丰富，能拟写文案和策划方案。

（5）对待工作认真负责，有自我驱动力，抗压能力强等。

对于这份工作，李曼婷既欣喜又担心。欣喜的是，岗位主要职责的每项内容看起来都很容易上手；担心的是，要把这些事情都做好还是挺不容易的。如果你是李曼婷，你该如何对待这份工作呢？

活动一　了解新媒体

活动描述

为了尽快适应新的工作岗位，李曼婷决定先调研以下问题：什么是新媒体？市面上有哪些常见的新媒体平台？这些新媒体平台的入门应用是怎样的？

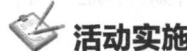
活动实施

第一步：了解目前市面上常见的媒体

请根据表 1-1-1 所示内容，了解市面上常见的媒体类型、主要信息、展示形式，以及与用户的交互能力等。

表 1-1-1　市面上常见的媒体

媒体类型	主要信息	展示形式	用户是否可以选择要查看的信息	用户是否可以编辑设计内容
报纸	新闻、文字广告、文摘	文字、图片	否	否
传统电视	新闻、多媒体	音频、视频	否	否
短视频平台	多媒体	音频、视频	是	是

第二步：分析新媒体与传统媒体的异同

请根据表 1-1-2 所示内容，分析新媒体与传统媒体的异同。

表 1-1-2　新媒体与传统媒体的异同

目标点	新媒体	传统媒体
平台	互联网+移动设备	报纸、电视
信息表达形式	文字、图片、音频、视频等	文字、图片、音频、视频等
与用户的关系	以用户为中心	以平台为中心

第三步：调研几家知名的新媒体平台

调研几家知名的新媒体平台，将表 1-1-3 补充完整。

表 1-1-3　新媒体平台

新媒体平台	主要信息	展示形式
今日头条	新闻、资讯	文字、图片、音频、视频等
抖音		
小红书		
喜马拉雅		
……		

知识锦囊

一、什么是新媒体

对于新媒体（New Media）的界定，学者们可谓众说纷纭，至今没有定论。一些传播学期刊上设有"新媒体"专栏，但所刊载文章的研究对象也不尽相同，有数字电视、移动电视、交互式电视、手机媒体等，还有一些刊物把博客、播客等也列入"新媒体"专栏。那么，到底什么是新媒体？

（1）从本质上定义：新媒体是指当下"万物皆媒"的环境，简单来说，新媒体是一种环境。

（2）从容量上统计：新媒体涵盖了所有数字化的媒体形式，包括所有数字化的传统媒体、网络媒体、移动端媒体、数字电视、数字报纸、数字杂志等。

（3）从时间上观察：新媒体是在报刊、广播、电视等传统媒体以后出现的媒体形态，包括网络媒体、手机媒体、数字电视等。

（4）从科技发展的角度表述：新媒体是利用数字技术、网络技术，通过互联网、局域网、无线通信网、卫星等渠道，以及计算机、手机、数字电视机等终端，向用户提供信息和娱乐服务的传播形态。简单来说，新媒体指数字化新媒体。

（5）从社会角色上分析：新媒体是能为用户提供个性化内容，将传播者和接收者融会成对等的交流者，而无数的交流者相互之间可以同时进行个性化交流的媒体。

由此可见，新媒体实际上是新的技术支撑体系下出现的媒体形态，如数字报纸、数字杂志、数字广播、数字电视、数字电影、手机短信、移动电视、触摸媒体等。相对于报纸、杂志、广播、电视四大传统意义上的媒体，新媒体被形象地称为"第五媒体"。

二、新媒体有哪些特点

新媒体，首先必须有革新的一面，在技术上革新、形式上革新、理念上革新，而在理念上革新是新媒体定义的核心内容。因此，新媒体必须具备以下几个特点。

（1）价值感：能提供有意义的信息。

（2）原创性：内容倡导原创，能推陈出新，有创意，有新意。

（3）效率高：推广速度快，传播距离远，影响范围广。

（4）生命力：有很强的生命力，有一定的生存时间，能在其生存期内产生一定的影响。

同时，新媒体还具有交互性与即时性、海量性与共享性、多媒体与超文本、个性化与社群化等特征。

三、网络媒体发展的 3 个阶段

1. 媒体网络化（1996—2008 年）

从 1996 年开始，三大中央新闻网站（人民网、新华网、央视网）上线，四大门户网站（网易网、搜狐网、腾讯网、新浪网）成立，天涯、猫扑、西祠胡同等 BBS 论坛积累了不少用户，优酷、土豆等视频媒体纷纷崛起，阿里巴巴提出"让天下没有难做的生意"的口号，百度成为中文搜索引擎巨头，地方新闻媒体网站、行业门户网站等纷纷建立，中国新媒体进入了蓬勃发展时期。

2. 新媒体移动化（2009—2018 年）

2009 年 8 月，新浪推出"新浪微博"内测版，成为第一家提供微博服务的门户网站，微博正式进入中文上网主流人群的视野。

2010 年，微博崛起，四大门户网站都开设了微博。微博的信息发布速度快，传播范围广，所发布的内容瞬间就可以让很多人看到，其传播的高效性、实时性为人们带来了相当大的便利。

微信（WeChat）是腾讯公司于 2011 年 1 月 21 日推出的免费即时通信应用程序。截至 2023 年 6 月 30 日，微信的每月活跃账户数达 13.27 亿，几乎实现了对中国人口的全覆盖，稳坐"国民第一社交 App"宝座。

2012 年 3 月，张一鸣创建今日头条，为用户提供信息服务。2016 年 9 月 20 日，今日头条宣布投资 10 亿元用以补贴短视频创作，后独立孵化 UGC（User Generated Content，用户生成内容）短视频平台火山小视频。

3. 新媒体智能化（2019 年至今）

从 2019 年开始，新媒体逐渐与 5G、人工智能、虚拟现实（Virtual Reality，VR）、区块链、大数据等信息技术相融合，构建出智能数字新媒体，并成为数字基础设施。

直播与短视频成为这个时代的入口，助力形成智能数字新媒体生态体系。同时，智能数字新媒体将从人人都是新媒体的时代，发展到以"新媒体+"连接的"万物皆媒"时代。

四、新媒体的发展趋势

1. 越来越强的用户参与性

新媒体相较于传统媒体，突出的特征便是改变了过去信息单向传播的模式，创造了传播者和接收者之间随时随地双向传播的模式。这样的传播模式导致了新媒体的开放性和参与性。越来越多的媒体、商家开始重视用户对项目或商品活动的参与性。

2. 注重"以用户为中心"的用户体验

"以用户为中心"的私人定制式、个性化、交互式的体验成为商家服务用户的主要思维方式。"体验经济"追求用户对自我感受的满足，重视消费过程中用户的自我体验。现在，为了达到更好的商业效果，"用户体验"一词已经广泛渗入各行各业，如"体验式购物""体验式营销"等。

3. 媒体间的竞争进一步加大

互联网环境下，用户获取和传播信息渠道的多元化及新媒体发展的多样化，使得媒体间的竞争更加激烈。

4. 智能互联加速前进

媒体和人工智能技术的结合已经由早期的概念阶段进入产品形态阶段。智能推荐、语音识别、智能传感器等技术的应用正在重塑媒体生产和传播的各个环节，智能移动互联网蓄势待发，未来的技术发展必将由"万物互联"向"万物智联"变革。

【练一练】

李曼婷打算注册一个账号体验一下新媒体、自媒体，于是开通了今日头条账号。请你帮她拟定一个用户名，写一个简介推广自己，填写在表1-1-4中。

表1-1-4 账号基本信息

项目	设计内容	设计意图
用户名		
简介		

思政园地

文字的魅力

文字是知识和文化的载体。见字如面，文字就像一面镜子，映照出作者的文化和信仰，也诉说着作者的心声与情感。

汉字，是中华民族的文化符号和智慧结晶，是文明交流的重要载体；汉字，传承了中国文化，是中华民族用于表达思维的文字符号；汉字，跨越时代的变迁，绵延几千年，记录着中华民族创造的卓越和辉煌，用独特的方式向人们诉说着浩瀚的历史。

从小到大,人们浸润于阅读中。文字赋予了人们成长的力量,给予了人们积极向上、不断前行的动力。文字不仅能跨越地域的界限,还能穿越时空,可以让死者向生者说话、生者向未来者说话。文字是一种力量,可以使茫然者找到方向,使自卑者拥有自信,使失败者重拾骄傲。文字可以记录现在,缅怀过去,展望未来。生活因为文字而变得更有意义,人们因为有文字的陪伴而不孤独。

文字让人们的心灵相通,若你正处于迷茫阶段,无所依,无所爱,那么就走进阅读吧,文字是你忠诚的朋友,能让你静静徜徉于文字的天地,进入远离尘嚣和名利纷争的世外桃源,读懂生活,感悟人生的真谛。文字会给予你力量,陪你历经风雨,披荆斩棘,迎接新生。

活动二　了解新媒体内容的形式和特点

活动描述

根据对各大主流新媒体的观察和研究,李曼婷发现每个平台都有相似之处。例如,在今日头条、抖音、小红书等平台,很多用户都围绕自己的实际情况展示内容,人人都是主角,人人都是信息的创作者和传播者,但有的人提供的信息获得了用户的喜爱,成为用户的关注中心,而有的人提供了看似相同的信息却并没有得到很多用户的关注,其中的缘由是什么呢?这引起了李曼婷强烈的好奇心。

活动实施

第一步:分析主要平台的内容表现形式

请在多个平台中找出相应的内容,并截图展示,示例如表 1-1-5 所示。

表 1-1-5　微信平台内容表现形式示例

内容表现形式	微信
文案	宝宝好成长 妈妈更安心 从源头到研发、生产 每一道的安全都定义着一款好奶粉 好奶粉【贝因美艾贝可】
图片	

续表

内容表现形式	微信
音频	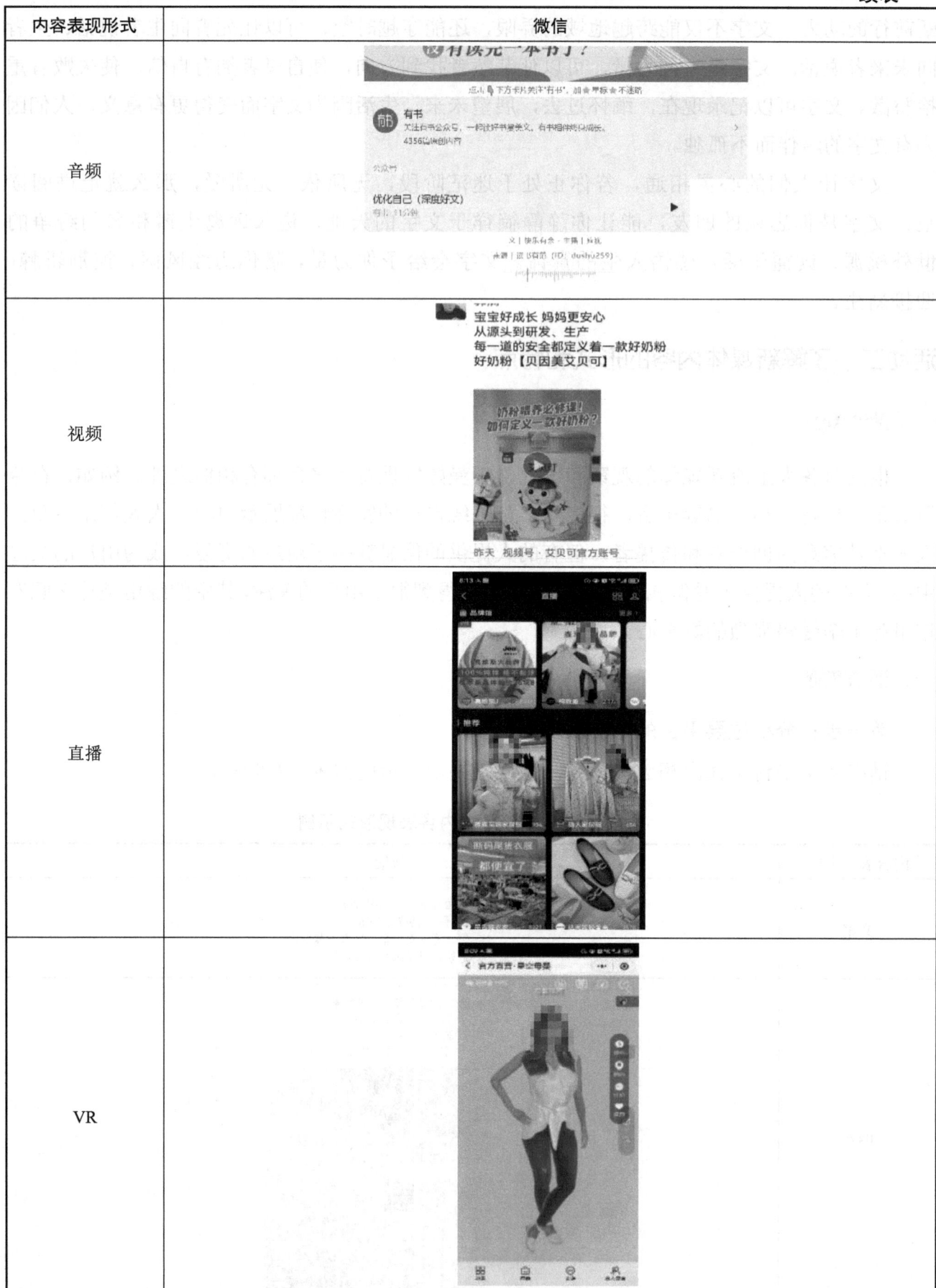
视频	
直播	
VR	

续表

内容表现形式	微信
小程序	（德伦口腔连锁品牌广告截图）

第二步：探索文案在新媒体内容中的重要性

根据新媒体内容的表现形式，分析各种内容的具体组成要素，感知文字在新媒体内容展示中的必要性和重要性。请根据提示完成表格，示例如表 1-1-6 所示。

表 1-1-6　内容表现形式中的具体组成要素展示示例

内容表现形式	具体组成要素				
	文字	图片	声音	视频	互动
文案	√				√
图片	√	√			√
音频	√		√		
视频	√	√	√	√	√
直播	√	√	√	√	√
VR	√	√	√	√	√
小程序	√	√	√	√	√

知识锦囊

一、新媒体内容的表现形式

新媒体内容的表现形式主要有文案、图片、音频、视频、直播、VR、小程序等。

1. 文案

文案来源于广告行业，是"广告文案"的简称。文案表达力强，可通过创作文章表达观点，或者利用微博、微信公众号等工具实现短文、长文的传播。短文案示例如图 1-1-1 所示。

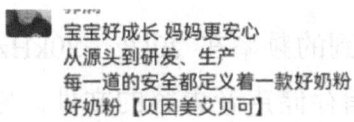

图 1-1-1　短文案示例

按内容，文案可以分为产品文案和品牌文案。产品文案主要针对具体的产品，充分展示产品的特点和优势，激发用户的购买欲望；而品牌文案主要进行品牌的宣传，注重塑造品牌形象，吸引用户对品牌的关注，重在发掘潜在客户，开发新客户。产品文案和品牌文案示例如图1-1-2所示。

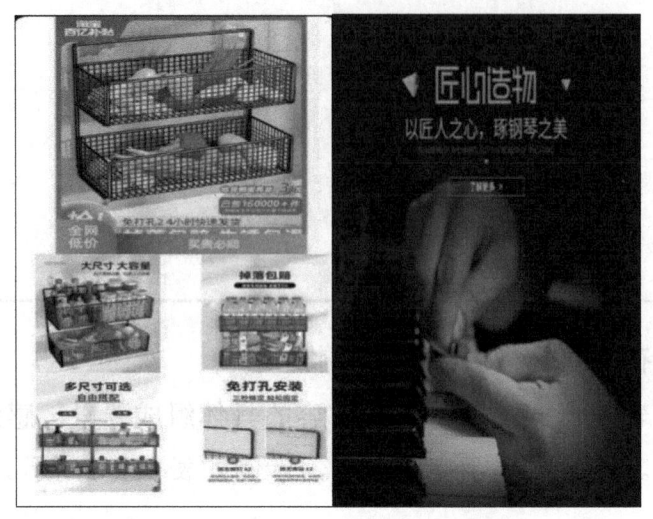

图1-1-2 产品文案和品牌文案示例

2. 图片

图片包括图形、图像等。图片作为一种直观的表现形式，可以充分展现各类信息，包括人物、场景、活动等，特别适合在社交媒体和移动应用中使用。产品图片示例如图1-1-3所示。

图1-1-3 产品图片示例

3. 音频

音频（Audio）指人耳可以听到的频率在20Hz~20kHz范围内的声波，也指存储声音内容的文件。在本书中，音频主要指存储声音内容的文件。它是新媒体领域广泛应用的内容表现形式之一。随着语音信息的流行，人们越来越喜欢听有声内容。优秀的音频内容可以给人带来很好的沉浸式体验，并充分满足不同听众的需求。常见音频载体示例如图1-1-4所示。

图 1-1-4　常见音频载体示例

4. 视频

当每秒显示的连续画面超过 24 帧时，根据视觉暂留原理，人眼无法辨别单幅的静态画面，因此看上去是平滑连续的动态效果。这样连续的画面称为视频（Video）。视频是当下很受欢迎的一种新媒体表现形式，被广泛应用于社交媒体、在线课程、直播等多个领域，能给人带来强大的视觉冲击力，使内容更加生动、有趣和引人入胜。视频（截图）示例如图 1-1-5 所示。

图 1-1-5　视频（截图）示例

5. 直播

直播指在现场随着事件的发生、发展同步制作和发布信息，可进行双向沟通的信息发布方式。按形式，直播可分为现场直播、演播室访谈式直播、由电视台（第三方）提供信源的直播。按内容，直播可分为文字直播、图片直播、音/视频直播等。

随着互联网的普及，越来越多的人开始关注网络直播，特别是视频直播，很受欢迎。直播现场（截图）示例如图 1-1-6 所示。

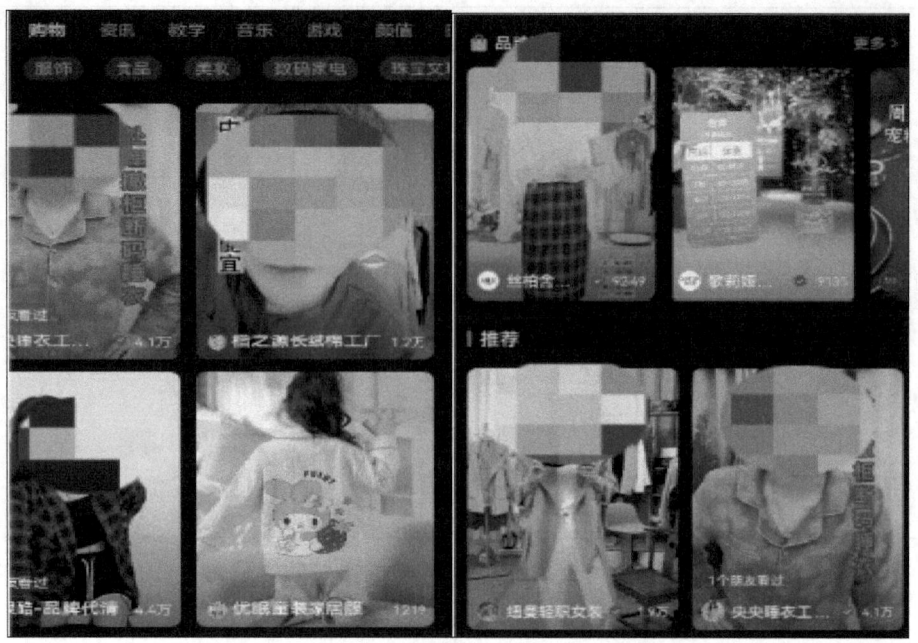

图 1-1-6 直播现场（截图）示例

6. VR

VR 技术结合了计算机技术、电子信息技术、仿真技术等，其基本实现方式是模拟真实环境，利用虚拟设备带给人身临其境之感。随着科学技术的不断发展，各行各业对 VR 的需求日益旺盛。VR 平台首页如图 1-1-7 所示。

图 1-1-7 VR 平台首页

7. 小程序

小程序是新媒体领域的最新潮流之一。人们越来越希望与内容进行互动，增强参与感。小程序中有许多互动手段，如在线问答、投票、摄像头互动、在线游戏等，使内容更加丰富和生动，示例如图 1-1-8 所示。

图 1-1-8　小程序界面示例

总体来说，新媒体内容的表现形式非常多样，并还在不断涌现新的形式，相信未来可以让人们更加顺畅地表达自己的观点和进行更方便的沟通。

二、新媒体平台的基本分类

当前，新媒体平台层出不穷。下面列举一些主流的新媒体平台。

短视频平台：抖音、快手、火山小视频等。

直播平台：斗鱼直播、虎牙直播、熊猫直播等。

音频类平台：喜马拉雅、蜻蜓、凯叔讲故事等。

社交类平台：微信、豆瓣、小红书等。

问答类平台：作业帮、知乎等。

自媒体类平台：抖音、小红书等。

【练一练】

1. 李曼婷尝试在今日头条上发布一条随手拍的视频，目的是体验一下发布视频的方法。

2. 尝试了图文媒体应用和视频媒体应用后，李曼婷又想尝试一下音频媒体的应用，于是，她在手机上下载了蜻蜓 App，进入"个人中心"后点击"创作中心"，再点击"立刻成为蜻蜓主播"，完善个人资料，根据以下内容成功发布了第一条音频。

每个身影，同阳光奔跑，我们挥洒汗水，回眸微笑，一起努力，争做春天的骄傲，懂得了梦想，越追越有味道。我们都是追梦人，千山万水，奔向天地跑道，你追我赶，风起云涌春潮，海阔天空，敞开温暖怀抱。我们都是追梦人，在今天，勇敢向未来报到，当明天，幸福向我们问好，最美的风景是拥抱。

——节选自《我们都是追梦人》

▶▶▶ 新媒体内容制作

请你也试着发布一条视频,并将相关信息填写在表 1-1-7 中。

表 1-1-7 视频发布信息

项目	视频
主题	
创作意图	
具体内容	

初入自媒体,我们如何选材、定位?

任务二 新媒体编辑岗位

 任务情景

李曼婷已经了解了新媒体的一些特点和形式,对新媒体常见的几大平台和特点也有了较全面的了解。但是新媒体编辑这个岗位是做什么的,会给企业带来哪些价值,自身条件是否符合该岗位要求等问题,李曼婷还有点懵懂,于是她决定继续深入了解这个岗位的工作内容。

活动一 了解岗位的工作内容

 活动描述

李曼婷需要充分了解新媒体编辑岗位的需求和工作内容,并分析自身是否具备完成这个

岗位工作内容的能力，因此李曼婷接下来的主要任务就是广泛了解新媒体编辑岗位的工作内容，并将找到的相关信息归类。

活动实施

第一步：查看岗位信息

登录前程无忧或智联招聘网站，搜索"新媒体编辑"，如图 1-2-1 和图 1-2-2 所示。

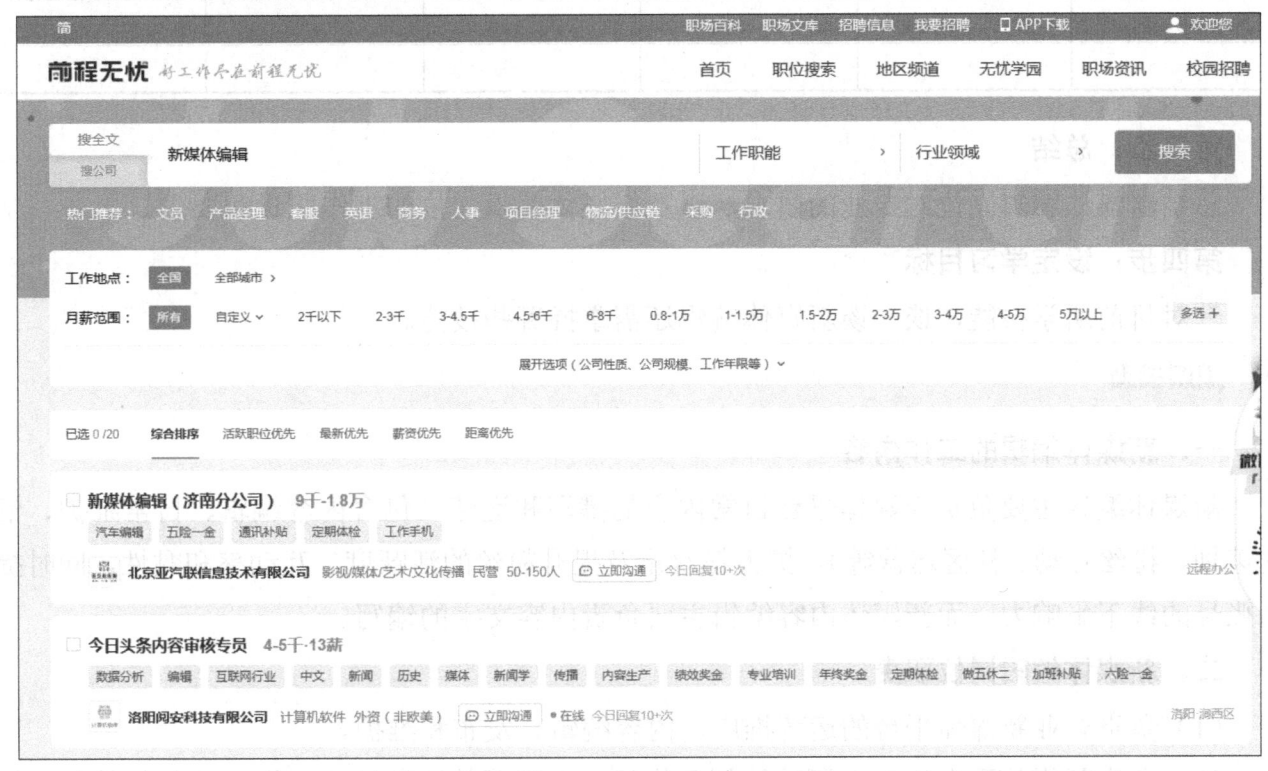

图 1-2-1　前程无忧网站首页

图 1-2-2　智联招聘网站首页

第二步：分析岗位需求

选择至少 6 家企业，分析它们对新媒体编辑岗位的需求，将表 1-2-1 补充完整。

表 1-2-1　新媒体编辑岗位需求分析

企业名称	主营业务	岗位职责	专业要求	应聘条件	薪资待遇

第三步：总结

总结新媒体编辑岗位对专业的要求，以及新媒体编辑岗位的工作职责和要求。

第四步：设定学习目标

针对目前所学技能，谈一谈新媒体编辑还需掌握哪些技能。

知识锦囊

一、新媒体编辑的工作内容

新媒体编辑主要负责新媒体平台日常内容的撰写和运营（包含内容编辑、日常维护、活动策划、粉丝互动、社区运营等），扩大粉丝量及提升粉丝的活跃度、互动率和黏性，同时提高账号的线下影响力。而新媒体内容编辑主要负责内容文字的编写。

二、新媒体编辑岗位职责

（1）负责企业新媒体平台的运营推广，内容编辑、发布和维护。

（2）负责新媒体平台活动话题的策划和执行，合理调整运营策略，提高粉丝的数量，维护企业和品牌的形象。

（3）跟踪推广的效果，提升企业的影响力和知名度。

（4）及时了解与分析用户的需求、情感及用户体验，收集用户反馈，及时掌握、挖掘素材，对实时热点敏感，并能有效运用。

（5）实时关注与研究竞争对手的新媒体推广动态，根据变化及时调整策略和方案。

三、新媒体编辑岗位要求

（1）电子商务、市场营销、新闻传播、广告、中文等专业优先。

（2）能熟练使用办公软件，拥有 SVG、H5 等运营工具技能者优先。

（3）熟悉小红书、抖音、视频号等内容的渠道玩法，有相关互联网电商品牌推广经验者优先。

（4）热爱新媒体和自媒体运营行业，能熟练运作微信平台，熟悉微博等平台。

（5）有良好的阅读习惯，文字功底较好，可以完成多风格的方案写作并提出自己的想法，有较强的线上活动策划能力。

（6）有创新能力和洞察力，有较好的团队协作精神，责任感强。

（7）掌握拍照、修图、音/视频剪辑等技能。

活动二　了解岗位的能力要求

活动描述

李曼婷对新媒体编辑岗位的工作职责有了清晰的认识，但是这个岗位能给企业带来哪些价值呢？除了具体的应聘要求，还需要求职人员具备怎样的职业能力和素养？或者说，要想成为一名优秀的新媒体编辑，还需要具备哪些技术要求以外的职业能力和素养？

活动实施

第一步：探究岗位工作内容

以小组为单位，每个小组至少了解 3 家企业的新媒体编辑岗位的工作职责和工作内容，并将表 1-2-2 补充完整。

表 1-2-2　新媒体编辑岗位的工作职责和工作内容分析表

企业名称	所属行业	主营业务	部门职责	编辑职责	工作内容
企业 1					
企业 2					
企业 3					

第二步：分析岗位的价值

结合新媒体编辑的工作职责和工作内容及所属部门的职责，分析和总结新媒体编辑的岗位价值，以及能为企业带来哪些益处。

第三步：探讨如何实现岗位价值的提升

分析新媒体编辑需要具备什么样的能力才能把工作做得更好、更快、更高效。

第四步：思考如何成为一名优秀的新媒体编辑

思考需要具有什么样的职业素养，才能成为一名优秀的新媒体编辑。

知识锦囊

一、新媒体编辑的职业能力

每个行业都有自己的运作规范，敏感的人更适合从事媒体尤其是新媒体的工作。不论是传统媒体，还是新媒体，对趋势的把握都很关键，更关键的是要在众多的趋势中坚持自己的取向。一名合格的新媒体编辑需要具备以下职业能力以支持其日常工作。

1. 文案写作能力

一名新媒体编辑首先得是一名合格的文案人员，因为每天都要写文章。新媒体编辑要具备基本的文字功底和写作能力。

2. 设计能力

新媒体编辑不仅要具备图片处理能力，还要具备设计能力。如果不会使用图形图像处理软件，不会处理图片、不会抠图，也不会做图片渲染，就难以完成新媒体的设计工作。

3. 策划能力

新媒体编辑每次精心推文都可谓一场策划活动，推给谁看、推什么内容、该怎样组织、活动预算是多少、活动如何执行、礼品如何选择和发放，哪一样都不能落下。

4. 营销能力

新媒体编辑每天写的文章其实就是营销软文，营销对象就是平台粉丝及潜在用户。新媒体编辑应针对不同用户的属性制定不同的营销策略，尽力与用户拉近距离，打造合适的营销方案。

5. 数据分析能力

新媒体工作也包含数据运营的工作，每天都要盯着后台数据，如阅读量、互动量、分享量、留言评论数等。新媒体编辑要了解每个数据指标的峰、谷出现的原因，预测它的趋势，并对后台数据进行分析。

6. 用户运营能力

新媒体编辑要清楚运营对象是什么人，这样才能把握用户需求，了解用户群体，勾勒用户画像，然后有针对性地强化与用户的沟通和交流。

7. 音/视频处理能力

对新媒体编辑而言，要学会音/视频的制作与剪辑，掌握 Premiere Pro、After Effects、Audition 等软件的使用技巧。

8. 有网感

新媒体编辑要有对时事、热点的敏感性，要了解用户关注什么，并且对网络语言、网络流行趋势有较全面的把控能力。

9. 抗压能力

新媒体编辑需要面对来自客户和上级等的压力，工作强度较大，因此需要有强大的抗压能力。

二、新媒体编辑的职业素养

政治素养、法律素养、文化素养、信息技术素养、信息处理素养等是新媒体编辑所需要具备的职业素养。

政治素养、法律素养、文化素养是新媒体编辑与传统编辑相通的素养。

信息技术素养指新媒体编辑需具备计算机和网络技能，不断学习、吸收新的网络知识和技能，不断改进工作方式，提高工作水平和效率，迎接新时代的挑战。

信息处理素养包括对海量信息的甄别力、整合力、策划力、影响力、互动力，以及对市场观察的敏锐力等，这是新媒体编辑素养中非常重要的部分。

三、新媒体编辑的职业道德

新媒体编辑的职业道德是指新媒体编辑在职业活动的整个过程中，必须遵守的与所从事的职业活动相适应的行为规范和准则。除了包括所有从业者都需要遵守的职业道德规范，如忠于职守、乐于奉献、承担责任等，新媒体编辑还需要遵守以下职业道德规范。

（1）实事求是，不炒作。

（2）有积极向上的价值观。

（3）不借热点炒作。

（4）坚持正确的舆论导向。

四、新媒体编辑的职业法规

新媒体编辑要熟知包括著作权、肖像权、隐私权、名誉权、新闻控制与新闻自由及传播从业人员自律等内容的基本法律法规，树立法律意识，维护自身和他人的合法权益。因此，无论是新媒体还是传统媒体，适用的法律法规都是一样的。但是，新媒体有其自身的特点，就是问题集中于肖像权、隐私权、名誉权等方面。

【练一练】

李曼婷打算利用课后时间寻找近两年的商业犯罪案例，并分析当事人产生违法行为的原因、需要承担的责任及触犯的法律法规。请你和她一起完成表1-2-3。

表1-2-3 商业犯罪案例

案例序号	案例内容	违法行为	需要承担的责任	触犯的法律法规
案例1				
案例2				
案例3				
案例4				
案例5				

思政园地

请自行搜索"新广告法禁用词汇大全"。

项目二
新媒体图文创作

 项目导入

小红书文案可以 AI 生成?

小红书是我国用户活跃度较高的社交电商平台。2025 年 3 月 24 日的数据显示,小红书月活用户已达约 3 亿名,"95 后"占比约为 50%,"00 后"占比约为 35%,男女比例约为 3∶7,一二线城市用户占比约为 50%,社区分享者超过 8000 万名。作为众多年轻用户心中的"消费决策"平台,小红书的商业价值不容小觑。尤其是在国民消费升级,"她经济"和健康生活等大环境的驱动下,许多品牌需要通过小红书这样的新媒体平台去拓展市场、触达精准用户。

在这样的市场背景下,文案的重要性愈发凸显。优质的文案能吸引用户的眼球,激发其购买欲望。针对用户在文案策划方面遇到的难题,小红书推出了全新的创作工具——搭画快写。这款由人工智能(Artificial Intelligence,AI)技术驱动的文案生成器可以帮助用户快速生成各种精准、吸引人的文案;可以完美挑选关键词,便于用户轻松创作推广文案;可以基于用户输入的关键词,分析相关的行业趋势和潜在需求,不断拓展创意范围,加以推荐和引导,以便达到更好的文案效果;可以实现文案多样且进行个性化设定;可以实现生成的文案具有自然流畅的语言风格,帮助吸引更多的读者和潜在消费者;可以智能提供文案评估,通过这些评估报告,用户可以进一步优化和提升文案的质量,实现更精准的推广。

思考:

1. AI 文案生成器可以代替分享者撰写文案吗?那是不是直接使用 AI 文案生成器就可以了呢?

2. 在 AI 文案生成器层出不穷的情况下,作为小红书的分享者,你将如何优化你的文案标题、内容和图片呢?

学习目标

【知识目标】
- 理解什么是爆款选题；
- 理解制作封面的步骤；
- 掌握爆款封面的公式；
- 掌握套用"开头+中间+结尾"三段式模板制作爆款内容的技巧。

【技能目标】
- 能够利用"10-3-1聚焦法"建立爆款选题库，创造出爆款推文标题；
- 能够利用作图软件完成封面和内页图的制作；
- 能够套用"开头+中间+结尾"三段式模板制作出爆款内容。

【素养目标】
- 培育学生的诚实守信意识，帮助学生形成良好的行为规范；
- 引导学生遵守公序良俗，树立社会主义核心价值观；
- 增强学生坚持原创、不抄袭的版权意识；
- 提高学生对美的鉴赏能力，培养学生的美学素养；
- 培养学生精益求精的工匠精神。

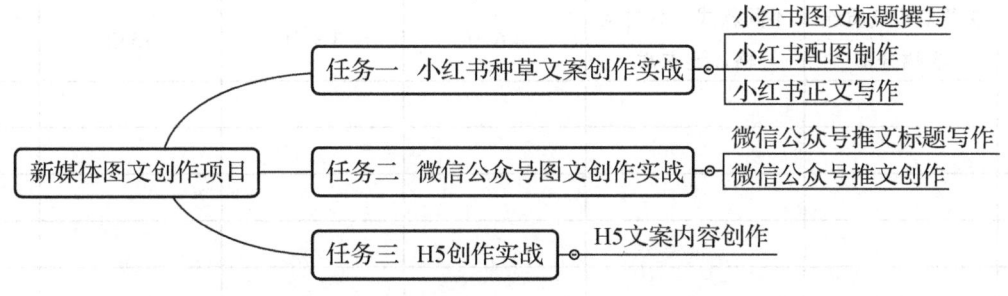

任务一 小红书种草①文案创作实战

任务情景

企业导师让李曼婷查找同类博主爆款文案，收集爆款文案的标题、图片和内容，并分析它们之间的共同点，汇总后向上级报告，为后期进行文案创作提供新的思路和方向。经过一段时间的实习，李曼婷在企业导师的指导下，成功创作出还算不错的爆款文案，得到企业导

---

① 种草，在网络营销或社交传播领域一般指通过内容传播激发他人对某事物的兴趣或购买意愿。

师的高度认可，无论是标题、封面还是文案内容都有很大的突破，基本掌握了小红书种草文案的创作技巧。

活动一　小红书图文标题撰写

活动描述

进入工作岗位一周后，李曼婷的企业导师让她先找领域内的两个不同的热门选题；再通过关键词搜索 10 篇热门的图文笔记，对每个选题的 10 篇笔记进行分析，筛选出最合适的 3 篇；最后根据公司的商品，挑选 1 篇最容易上手的，跟着这个选题细分领域的创作者，模仿出 1 篇类似的笔记交给公司领导审批。

活动实施

第一步：建立个人爆款选题库

李曼婷刚开始工作，接到的任务就是先学习同领域其他博主的爆款图文标题。企业导师让她先通过不断模仿再创造出属于自己的爆款标题，所以李曼婷要在接下来的工作中不断查找同领域其他博主的爆款图文标题，并汇总出来。

李曼婷打开小红书 App，查找女装推荐类的爆款推文，找出 10 篇女装推荐类爆款图文笔记，并做好数据登记，填写到表 2-1-1 中。

表 2-1-1　爆款图文笔记收集表

序号	标题	关键词	点赞数	收藏数	评论数	我的标题
举例	9条夏日气质连衣裙分享	不同款式、不同风格、连衣裙	4.6万	3.3万	1582	
1						
2						
3						
4						
5						
6						
7						
8						
9						
10						
……						

第二步：运用"4步法"完成标题撰写

李曼婷经过不断查找，结合小红书 App 及站外平台（如微信公众号、知乎、哔哩哔哩、微博等）收集到了同领域的 10 个爆款选题，在企业导师的指导下运用"4步法"完成标题撰

写，按照下面的步骤得到最终的标题。

步骤一：从找到的 10 个爆款选题中找出数据最好的 3 篇爆款笔记。

_____

_____

_____

步骤二：提取其中的关键词。

_____

_____

步骤三：结合提取的关键词，形成自己的标题。

_____

步骤四：加上表情符号，提高辨识度，形成最终的标题。

_____

第三步：运用"3 段式法"完成封面标题撰写

模仿书中的案例，结合找到的爆款图文，运用"3 段式法"写出一个封面标题。

第一段：

_____

第二段：

_____

第三段：

_____

知识锦囊

一、爆款选题

什么是爆款选题？爆款选题是靠数据定义的，一般指点赞数、收藏数、评论数加起来的数值为 5000 以上的选题。

要进行爆款笔记的创作，首先可以根据商品的定位，通过关键词建立爆款选题库，然后模仿，最后达到超越的效果。那如何寻找爆款选题呢？

1. 利用"10-3-1 聚焦法"寻找

可利用"10-3-1 聚焦法"建立属于个人的爆款选题库。爆款笔记一般是所有同类笔记中的"20%"（遵循著名的"二八定律"，指的是在任何一组东西中，重要的只占约 20%，其余 80%尽管是多数，却是次要的）。"10-3-1 聚焦法"就是在精华中取精华，从爆款中找爆款，不断模仿，最后制作出属于个人的爆款笔记。具体而言，"10-3-1 聚焦法"就是先在需要查找的领域中找到 10 篇爆款笔记，通过模仿爆款笔记发布自己的笔记，经过一定周期（如 1 周、1 个月、3 个月等），从中筛选出数据最好的 3 篇，再经过一定周期的管理，最终从 3 篇中筛选出最好的 1 篇。

2. 利用关键词寻找

先模仿再超越。以女装领域为例，不直接搜索关键词"女装"，而搜索"夏季穿搭""职场夏季穿搭""百搭不挑人"等，我们会发现在搜索结果中，"女装店铺推荐"深受"红薯"们的喜爱，且以九宫格的首图呈现为主。

3. 利用评论寻找

评论是一把利器，加以利用可形成新的爆款选题。在所找的爆款笔记中，需重点关注高赞评论，这些评论是用户浏览笔记后，发现笔记还未完全满足其需求而进行的补充。我们要敏锐地捕捉到这些高赞评论背后的需求，形成一个新的选题，再结合原爆款内容进行模仿扩写，打造更加优质的爆款笔记。

图 2-1-1 所示是夏日穿搭爆款笔记《夏天好看衣服太多啦～》，评论中有用户写道："请问 P1 小红鞋（是）哪家的呀（？）好好看（。）"创作者就可以根据评论的提问，寻找到合适的选题，并在原来的爆款笔记基础上写出新的更加全面的爆款笔记。

图 2-1-1　夏日穿搭爆款笔记《夏天好看衣服太多啦～》

4. 从对标博主的内容中寻找

从对标博主的内容中寻找爆款选题，即关注同领域博主，看他们的爆款内容，收集爆款选题。热门博主之所以被大量用户信任和关注，除了个人品牌建设得好，还有一个原因是他们写出的笔记能够满足用户的需求。因此，可以通过对标他们的选题，做一些调整与创新，打造属于自己的选题。假如已经找好一个同领域的热门博主，下一步就是筛选出他分享的所有笔记当中反响最好的几篇。热门博主的爆款选题是值得学习的宝藏资料；同理，那些反响一般的选题也可以成为"错题集"，避免踩坑。

5. 从站外其他平台寻找

从站外其他平台寻找爆款选题，即从微信公众号、知乎、哔哩哔哩、微博等站外平台收集爆款选题，加以修改，化为己用。

二、标题吸睛的"8种模式"

1. 用数字凸显价值感

人类的大脑会优先识别数字,因此在标题中使用数字能增加辨识度,让用户更加直观地感受到内容的含金量,激发其点开笔记的欲望。例如:

《这5个方法让我摆脱拖延症,行动力提升99%+》

《42个学生党免费自学网站,在假期中脱胎换骨》

2. 体现实用性,强调价值

小红书用户搜索主动性强,通常会在平台内对一些问题进行主动搜索。指导性强的标题有更强的针对性,有助于提高笔记的吸引力。例如:

《答应我,下次拍照一定要这样拍》

《职场人必备技能,让你能力翻番》

3. 营造反差感

首先告诉用户,这款产品人气旺、销量高,然后利用优惠和低价营造反差感,让用户感觉既花钱少又解决了问题。例如:

《连呼吸都是桃子味的!5块钱的良心国货》

《今年夏天超火的扎染衬衫,均价只要50元》

4. 制造戏剧化效果

这类标题也是通过反差来引起用户的兴趣。戏剧化的核心就是制造矛盾、冲突,通过强烈的反差唤醒用户的猎奇心理。例如:

《每天无肉不欢,我瘦了20斤》

《理财,每天存15块,竟然能攒100万元!》

5. 对号入座,直击痛点

这类标题通过特定的标签和属性圈定目标用户,让用户挪不开眼。例如:

《你是讨好型人格吗?》

《近视500度眼睛还有神?3个动作打造星星眼》

6. 激发好奇心,制造悬念

这类标题通过制造悬念激发用户的好奇心。例如:

《女生礼物:哪款口红是最适合的?》

《1年顶3年,工作之外的时间我都在做什么?》

7. 对比法则

这类标题通过参照物的对比,让用户有进一步了解的欲望。例如:

《生理期用这10件小物,比红糖水管用100倍》

《为什么比你忙的人比你有时间?总结一下我的时间管理技巧》

8. 有针对性

这类标题针对具体地域、人群、品牌、结果等,让角度多样化。例如:

《学生党必备好物》

《宝妈轻松带娃的3个好办法》

三、标题撰写——"4步法"

下面以母婴领域为例,介绍标题撰写"4步法"的相关步骤。

步骤一:找出相关选题的至少3篇爆款笔记。例如:

《100件巨实用的带娃好物》

《解放双手的带娃神器》

《20件宝宝安全防护好物》

步骤二:提取其中的关键词。例如:

带娃好物;腰凳;必备神器;沉浸式带娃。

步骤三:结合提取的关键词,形成自己的标题。例如:

《新手爸妈必备的带娃好物》

步骤四:加上表情符号,提高辨识度,形成最终的标题。例如:

《😮沉浸式带娃|新手爸妈带娃的巨实用好物!》

四、封面标题撰写——"3段式法"

第一段:地点+人物+动作。

第二段:做假设。

第三段:动作+名词+结果。

举例如下。

【第一段:地点+人物+动作】清华大学/北大附小/中山大学/复旦大学(地点)……校长/妈妈/博士爸爸/学霸(人物)……强力推荐/亲自整理/种草/拼命安利/说漏嘴(动作)……

【第二段:做假设】孩子小升初/如果孩子上小学(做假设)……

【第三段:动作+名词+结果】牢记/背熟/吃透/掌握/死磕(动作)……这×道题/这份口诀/这×个知识点(名词)……年年考第一/至少提高×分/××考满分(结果)……

例如:

《北大爸爸强力推荐:如果孩子上小学,让他死磕这8张图,小学6年次次100分》

《清华妈妈直言,孩子上小学,让他掌握以下知识点,数学次次考第一》

李曼婷根据在企业学习到的图文标题的制作方法,利用下班的时间自己开了一个小红书账号,可以与他人分享自己感兴趣的话题,也可以通过自己的推广图文去验证在工作中所学的知识是否有效。她选择了护肤类话题,接下来她将利用下班后的时间管理好自己的个人账号。

你也试试吧!

活动二　小红书配图制作

活动描述

李曼婷经过一段时间的学习,对于小红书图文标题撰写技巧掌握得不错,基本掌握了如何写出符合市场需求的标题。在接下来的工作中，李曼婷将根据公司产品的要求进行小红书笔记封面和内页图的制作。

活动实施

第一步：新建画布

在百度上搜索"稿定设计"，打开"稿定设计"网站，点击"设计工具"选项，在弹出的对话框的"自定义尺寸"中输入相应尺寸，为迎合小红书笔记3∶4的图片比例，一般使用的尺寸为3000像素×4000像素，然后点击"创建设计"按钮，如图2-1-2所示。

图 2-1-2　创建设计

第二步：设置画布背景

创建好画布之后，选择一个背景图或颜色，给画布设定好背景，然后利用"素材—形状"功能选择合适的形状，如矩形、圆角矩形、圆形等，然后调整图形的大小和颜色，直到合适，如图 2-1-3 所示。

图 2-1-3　选择合适的形状

第三步：编辑标题

依然用"形状"功能。选择一个形状，再进行颜色填充。为符合整体调性，注意颜色要与背景色匹配，然后添加文字，选择合适的字体、颜色，如图 2-1-4 所示。

图 2-1-4　编辑标题

第四步：添加正文内容

最好分条列出正文内容。右侧可以选择字体，注意文字要清晰工整，然后调整字间距和行间距，直到合适。示例中的字间距数值为1、行间距数值为1.37，根据具体情况调整即可。此外，还可以添加编号左侧的小图标，利用"形状"功能编辑它的形状、大小和颜色，这样能够丰富图片元素，使整体更加美观，如图2-1-5所示。

图 2-1-5　添加正文内容

第五步：出图

点击右侧的"下载"按钮，选择具体的参数（如图片格式、压缩状态等），即可出图，如图2-1-6所示。

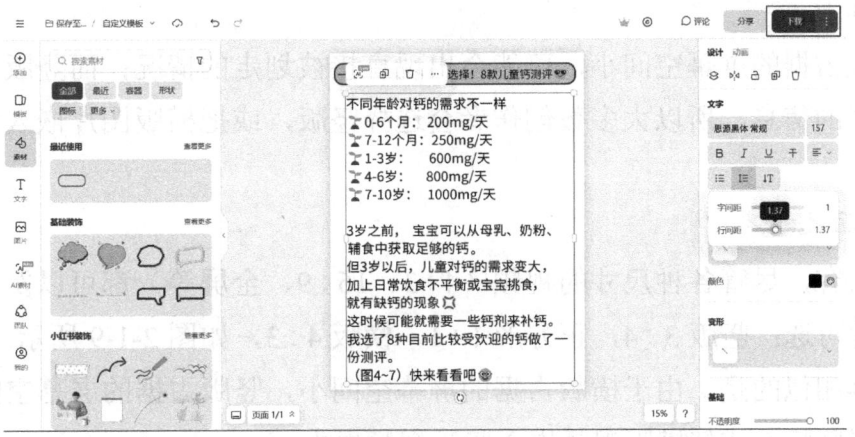

图 2-1-6　出图

知识锦囊

一、爆款封面

爆款封面一般由拼图和花字等组成。

二、封面尺寸

1. 图文封面尺寸

对于纯图文内容,官方推荐的图片尺寸(宽高比)有以下 3 种:竖版 3∶4,正方形 1∶1,横版 4∶3,如图 2-1-7 所示。

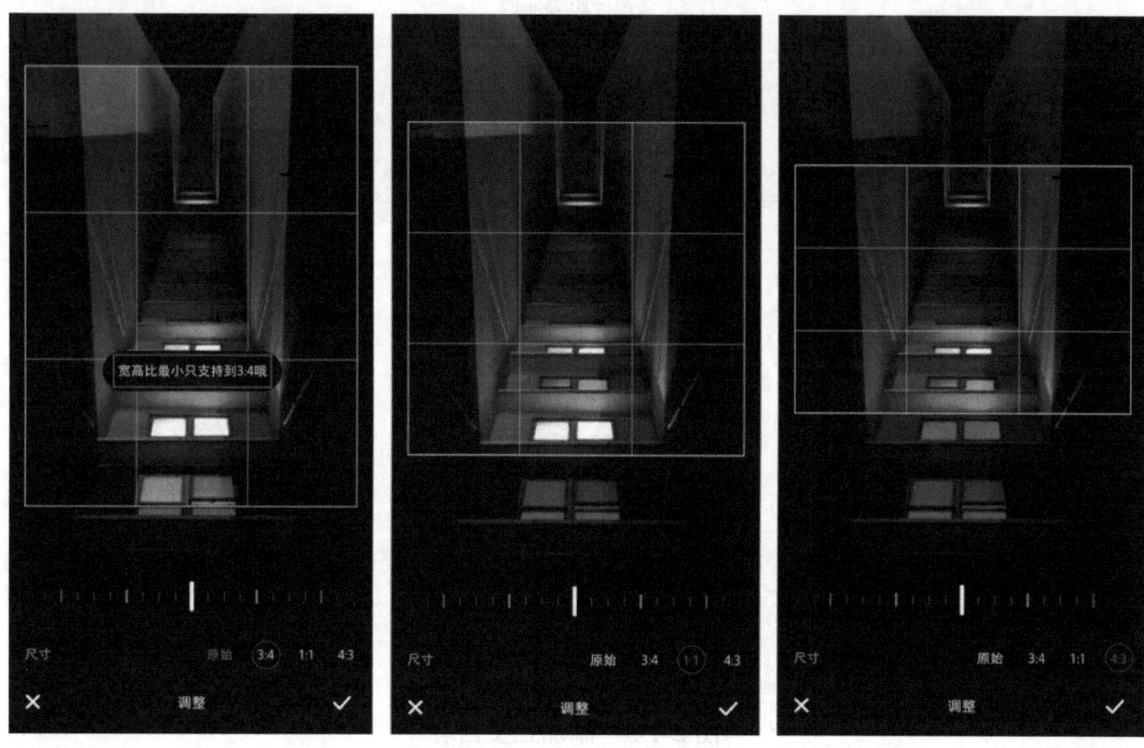

图 2-1-7 官方推荐的图片尺寸

当上传多张图片时,建议裁剪到相同尺寸。上传的图片尺寸不同的话,系统会默认按照第一张图的尺寸对其他图片进行填充或裁剪,有可能丢失重要内容。因此,最好在一开始就严格按照尺寸排版。

另外,横版占据的屏幕空间小,可能会出现直接被划走的情况;而竖版占据的屏幕空间大,能展现更多的信息。所以大多数创作者会选择竖版,或把横版图片嵌入竖版相框内,如图 2-1-8 所示。

2. 视频封面尺寸

对于视频内容,尽管各种尺寸的视频(4∶3、16∶9、全屏等)都可以发出来,但视频封面只有 3 种尺寸可选:竖版 3∶4,正方形 1∶1,横版 4∶3,如图 2-1-9 所示。

与图文内容相似的是,由于横版占据的屏幕空间小,竖版占据的屏幕空间大,所以大多数创作者会选择竖版,或把横版视频嵌入竖版视频框内。

图 2-1-8　竖版

图 2-1-9　竖版、正方形和横版

三、封面的特点

图 2-1-10 所示的 6 张图，差不多体现了小红书笔记封面的 6 个特点，只要符合任意一点，就能吸引用户点击并浏览。

1. 强烈对比，视觉冲击

适合内容：减肥、化妆、美白、防晒等。

2. 干净高级，直击主题

适合内容：知识、网站、App 等。

图 2-1-10　6 个小红书笔记封面

3. 高颜值+秀恩爱

适合内容：情侣、美妆、护肤、恋爱、知识等。

4. 多标题+目标吸睛

适合内容：知识、穿搭等。

5. 体量大，内容多

适合内容：知识、App 等。

6. 真人 IP+全内容

适合内容：知识、干货、学习等。

四、图文封面设计要点

1. 高颜值美图

许多小红书图文笔记的封面简单粗暴——一张没有任何配文和装饰的人物照片。

设计要点：既然只用一张人物照片，那么原理很简单——"颜值即正义"。这个颜值不只是脸蛋，还包括穿搭、背景、物品摆放等。想要用这种单纯不做作的封面吸引用户的话，视觉冲击力必须强。

适合内容：美妆教程、穿搭分享、风景拍摄、好物推荐等。

2. 图片拼贴

当想要展示的元素较多时，可以选择将若干相同主题的图片拼贴起来，一方面，让封面的内容更丰富多元，吸引到更多喜好不同的用户；另一方面，精心设计的排版让用户赏心悦目，视觉效果较好。

设计要点：图片风格、色调、氛围相似，最终成品看起来和谐并具有整体感。为了避免画面过于凌乱、重点不明，最好能在画面中央或其他较为醒目的位置放上标题，使内容主题一目了然。

适合内容：美食盘点、好物种草、旅游攻略等。

3. 大片海报

对较为小众和小资的内容分享来说，一个精致又文艺的封面必不可少。与纯图片不同的是，艺术设计类的封面往往像大片海报那样，有明确的标题，会通过简洁明了的文案来完善细节。

设计要点：先挑选一张精美的主图，再配上主标题、副标题、正文等。此处的正文不宜过长，应以关键词为主。

适合内容：小众好物种草、网红店铺探店、Vlog（视频日志）等。

4. 对比图

既然是对比，那么肯定有想要突出的一方。该类封面常见于健身、减肥、塑形、美妆等领域，通过巨大反差来展现明显的改变。

设计要点：在合理的范围内，前后反差越大、越明显、越戏剧化越好。为了更直观地体现变化程度，前后图片的拍摄场景与角度最好保持一致。为了加强冲击感，引发用户的好奇心，可以在配文中点明改变的措施和秘籍，并使用略微夸张的文案。

适合内容：减肥药物种草、健身 Vlog、医美体验分享、妆容前后对比等。

5. 纯文字封面

内容以文字为主时可以使用该类封面，需要用若干关键词向用户介绍笔记信息概要。

设计要点：以文字为主就要注意文字内容是否足够吸引人，这时起一个打开率高的标题尤为重要。可以用一些夸张的修饰词来吸引用户的眼球，如"超高效""很好用""纯干货"等；也可以强调时间、速度、数字、方法论等，来证明自己要讲的内容是有用的、有效的、有价值的。

适合内容：干货分享、硬核教程等。

6. 抠图拼贴

当有一些想要突出强调的物品或细节时，抠图往往是不错的选择。

设计要点：切忌将各种元素混乱地堆砌和拼接在一起，要注意主次分明，大小有序，错落有致，整体色调和谐，最好有一个主色调。

适合内容：穿搭分享、好物推荐、Plog（图片日志）等。

五、视频封面设计要点

1. 默认封面或视频截图

对于视频内容，默认封面为视频的第一帧图片，所以可以从视频的第一帧入手。

设计要点：如果视频第一帧不够美观，也可以将视频截图作为封面。该部分的设置可以在上传视频时进行调整。

适合内容：美妆教程、穿搭分享、风景拍摄等。

2. 图片+大标题

该类封面所有的装饰、边框、文字等只出现在封面上，不出现在正式视频内容中。

设计要点：事先设计好一张有创意、带标题的封面，要注意图片尺寸与视频尺寸吻合，然后插入视频中并拖到第一帧，播放时长为1秒（较合适）。关键词要精准，文字辨识度要高。

适合内容：产品测评、好物安利、影视作品赏析等。

3. 视频框封面

如果想让自己的视频从头到尾看起来都很有设计感，并且主题清晰明确，那么套入一个漂亮的视频框就是不二之选。

设计要点：视频框在一定程度上缩小了视频的空间，所以在把视频框设计得漂亮的同时一定要平衡好标题、视频、简介等信息的分布。设计元素应风格统一、布局合理，否则会显得杂乱无章，影响美观。视频框相对于封面来说制作难度更大，但是创意空间也更大，一个好看的视频框会让你的个人主页看上去比别人的高级。

适合内容：干货分享、产品测评等。

六、内页图的特点

1. 有内容

内页图就是笔记内容。封面吸引人点击进来，但是内页图的质量决定读者会不会继续看下去，并点赞，或者成为粉丝。

因此，首先内容要全面，通篇都是帮别人总结好的干货，用户只要做个伸手党就行。其次内容要新奇，要让用户感觉能增长知识，有求知欲。

2. 有排版

内容的布局也很重要。排版影响观感，如果排版不行，就会给人很乱的感觉。可以使用醒目的颜色标出重点，吸引用户。

3. 增加人设感

这是小红书的"小心机"，如在最后一张图片中插入创作者的自我介绍、一些爆款文章总结，引导用户到主页"考古"，万一发现创作者的主页很有意思，用户就有可能关注。

七、图片处理网站

1. 稿定设计

该网站上有小红书模板专题。很多常见的模板在这个网站上都能找到，而且操作简单、易上手，非常适合新手小白。

2. remove.bg

这是一个一键抠图网站，在手机和计算机上都能使用，可实现3秒智能抠图，简单易操作，生成小图免费，生成高清图需要付费。

3. Canva

该网站上的模板较有高级感，还可以生成标志（不过需要付费下载）。

八、图片处理 App

1. 美图秀秀

美图秀秀功能强大，包括修图、拼图、贴纸、抠图、视频剪辑等，有很多高颜值模板供用户直接套用。

2. 黄油相机

黄油相机是制作干货攻略类首图的必备工具，花字、贴纸种类非常多且很多是免费的。模板颜值也很高，非常适合制作小红书图片。

3. 美易

美易的拼图、抠图功能强大，适用于制作海报等，有很多贴纸供用户选择，尤其适合美妆穿搭博主使用。

4. 创客贴

创客贴是一个极简的平面设计工具，包含海报图、横幅（banner）图、PPT、简历、封面等各类模板，既有免费的也有付费的。

5. VSCO

VSCO 是一款很好用的调色软件，质感滤镜多样，风景、室内、人物等都有覆盖。

6. Snapseed

Snapseed 的修图功能齐全，尤其适用于需要局部后期处理的图片。

活动拓展

李曼婷将企业导师介绍的图片处理网站和 App 都使用了一遍。她练习了如何利用黄油相机制作好看的封面，掌握了黄油相机里的画布比、背景、模板、滤镜、加字、贴纸、画笔、遮罩等功能，运用这些功能完成了封面和内页图的制作，并得到了认可。

你也试试吧！

活动三 小红书正文写作

活动描述

小红书的爆款图文不仅仅取决于标题和图片。标题和图片好看可以吸引用户点击，有助于提高阅读量。但发布笔记的最终目标是通过优质的内容涨粉。想要留住用户，让用户点赞、评论、收藏，转化为粉丝，还是要靠有价值的内容。虽然李曼婷的标题写得不错，也掌握了封面和内页图的一些制作技巧，但想要涨粉还得知道如何产出优质的内容。

活动实施

第一步：根据老师提供的素材和商品图片的相关信息，利用"开头+中间+结尾"3 段式

模板写出一篇小红书正文。

第二步：按照小红书内容排版的注意事项进行调整，控制好正文的字数。

第三步：利用前文提到的小红书风格文案生成器生成相同主题的正文，与自己撰写的正文进行比较。

知识锦囊

一、"开头+中间+结尾"3段式模板，打造爆款内容

（1）开头。开头可重复关键词，突出重点内容，多用强调词。

（2）中间。中间主要撰写核心信息，控制在200～500字，可采用一句过渡句+表情符号+新段落起始符号+文字的形式。

（3）结尾。结尾号召点赞、收藏和互动，加上关键词并@官方号，或加上讨论度高的话题。

二、小红书内容排版注意事项

1. 正文适当添加表情符号

小红书以女性用户为主，可爱的表情能引起女性用户的兴趣和共鸣，所以在排版时要善用可爱的表情符号，这样做一方面可以提升笔记的美观度，另一方面可以增加用户的阅读兴趣。表情符号能影响用户的心理，对于促进用户点赞、收藏、评论都是有利的。将表情符号穿插在文中，不仅能让文案看起来不单调，还能突出重点内容，抓住用户的注意力。小红书排版热门符号包括星星、数字标号、红色问号、红色感叹号、100分、爱心、手指、禁止符号等，如图2-1-11所示。

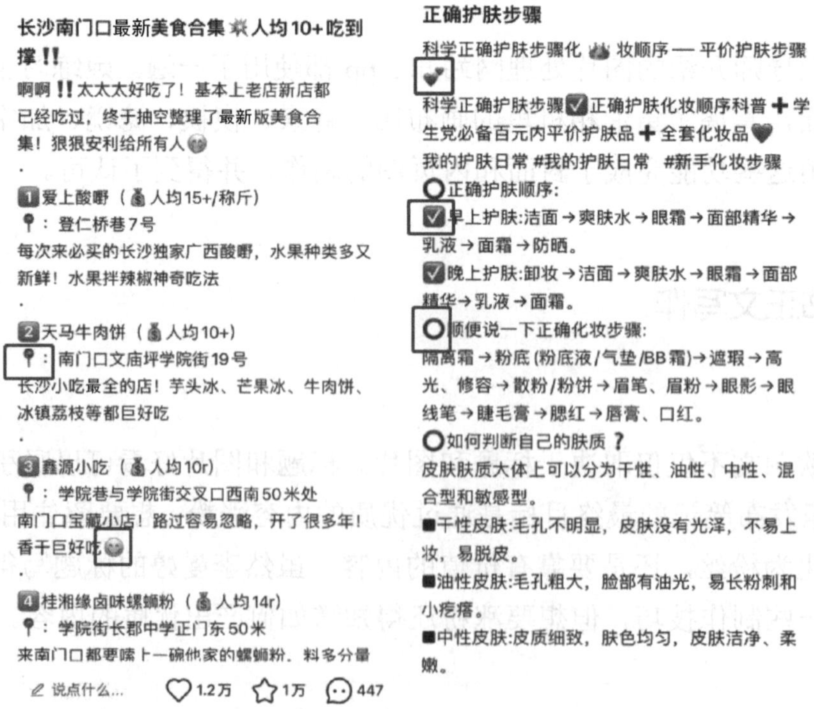

图2-1-11 小红书排版热门符号

2. 多用空行，避免成段文案

除了可以使用表情符号增加文案的趣味性，也可以用空行使文案变得更有层次感。经常浏览爆款文案的小伙伴会发现，点赞数高的笔记，每段文案都不会超过 5 行，而且其排版更注重区块感，即加入空行。

区块感就是将一个主题的内容放在一起，形成一个区块，这样，当一个版面中包含多个主题时，看上去有一块一块的感觉，层次清晰，如图 2-1-12 所示。

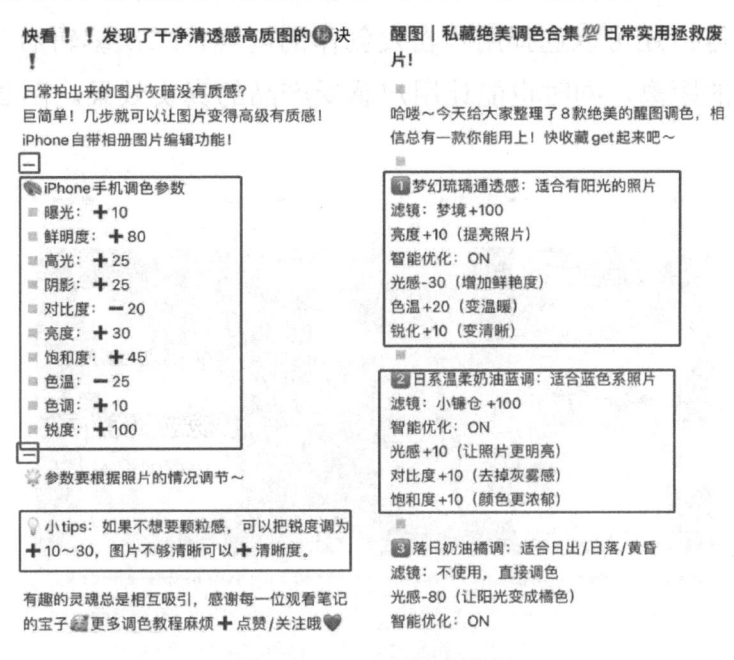

图 2-1-12　区块感排版

3. 控制字数

小红书笔记的文字限制为 1000 字，所以在文案创作时需要控制字数。如果超出字数，可以将一些知识点放在笔记图片里，但要注意图片中文字的排版。笔记中涉及的敏感词汇可以用表情符号代替，不知道哪些词汇属于敏感词汇的话，可以将文案复制到句易网进行查看。文案一般为 100~300 字，内容要充实，但不能冗长。如果笔记篇幅过长，就要进行适当的提炼和删减。

三、小红书内容定位

小红书中女性用户的基数非常大，用户年龄集中在 20~35 岁，学生和白领居多。小红书每个笔记的文字、图片或视频背后，都是有温度的和独一无二的个体。这些个性鲜明的个体聚合成了一个这样年轻有活力的社区。这就是很多用户迷恋小红书的核心原因。

越来越多的品牌入驻小红书，想在拥有庞大的目标用户的社区中提高自身的商业价值。但品牌要想脱颖而出，需要前期针对品牌或产品在社区进行调研，从已有的信息中观察用户使用场景、心得、痛点等，结合目标人群和产品特点，定位品牌在小红书的内容风格。

四、小红书内容方向

品牌在小红书明确内容定位后，就可进行内容制作。内容的形式以图文和视频为主，为了产出更加优质的内容，可参考以下几个方向。

1. 主题故事分享

在女性用户居多的小红书平台上，聊情感话题是拉近用户距离的捷径。品牌可以通过设立主题，以故事分享的形式发布笔记，引起用户情感上的共鸣，使其产生对品牌的兴趣。

2. 产品测评

测评是小红书的一大社区特色，品牌可以在笔记中分享自家产品的使用方式、使用效果、趣味玩法、隐藏功能等；还可以选择用户自发创作的内容，二次编辑后分享在品牌账号下，拉近与真实用户之间的距离，同时也能让用户感受产品的真实效果。图 2-1-13 所示为产品测评示例。

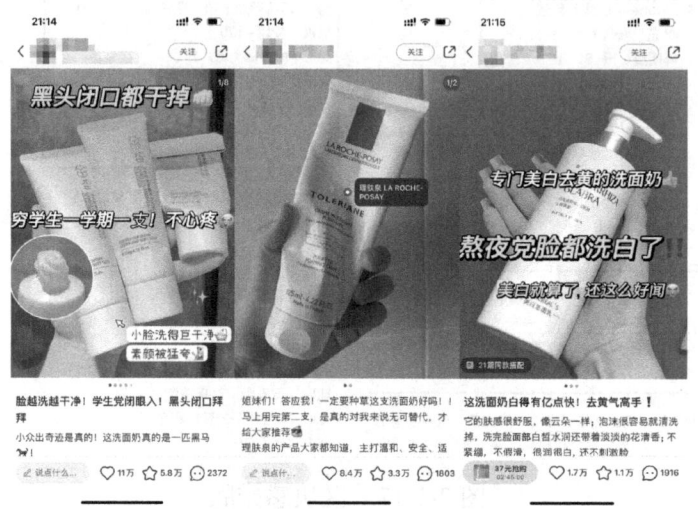

图 2-1-13　产品测评示例

3. 产品场景体验

每个产品都有其使用场景，除了产品美图，还可以挖掘产品的各种使用场景，用图文和视频的形式记录，将用户代入自己平时的生活场景中，引导用户种草。图 2-1-14 所示为产品场景体验示例。

图 2-1-14　产品场景体验示例

4. 商业话题

小红书平台会根据热点、季节、节日等设置各式各样的话题，用户推送笔记时也可选择匹配的话题参与。品牌账号有一个隐藏功能，可以免费申请和运营一个与品牌账号相关的商业话题，品牌发笔记时可以选择该话题，做活动时也可以使用。

商业话题不仅能聚集流量，还能帮助品牌在用户搜索相关的关键词时快速将其引导到内容池里。图 2-1-15 所示为商业话题示例。

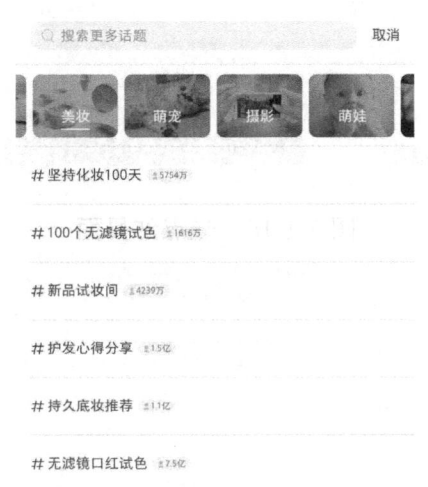

图 2-1-15　商业话题示例

五、小红书激励机制设计

小红书一直强调自己"是社区不是电商平台"，在不断丰富用户的平台体验的同时给品牌开放了各种激励小游戏，如品牌不定期的抽奖活动、体验官招募等，吸引用户参与互动与关注。品牌也可通过笔记内容@我功能分享用户自发创作的内容，使用平台高热度的滤镜、贴纸等贴近用户的使用习惯，缩短品牌和用户之间的距离。

六、小红书粉丝运营

品牌经过辛苦耕耘获得用户喜爱，被收藏与关注。当粉丝和笔记变多后，粉丝运营便是不可忽视的环节。品牌可通过评论管理、@我的笔记管理、私信自动回复、私信群发、粉丝分析等功能发现粉丝潜在的喜好，对症下药，牢牢地抓住粉丝的心。

七、小红书风格文案生成器

1. 光点红

光点红是一个免费帮助用户快速生成个性化、吸引人的小红书内容的在线工具，结合 prompt（提示词），基于 ChatGPT 工具实现内容生成。

光点红界面如图 2-1-16 所示。用户只需简单输入想生成的内容的主题、受众人群、受众需求、表达语气、产品功能等，点击下方的"帮我写"按钮，即可快速生成一篇包含标题、正文、结语、标签的小红书内容。例如，让光点红帮忙生成一篇分享视频剪辑网站的文案，生成的结果如图 2-1-17 所示。

图 2-1-16　光点红界面

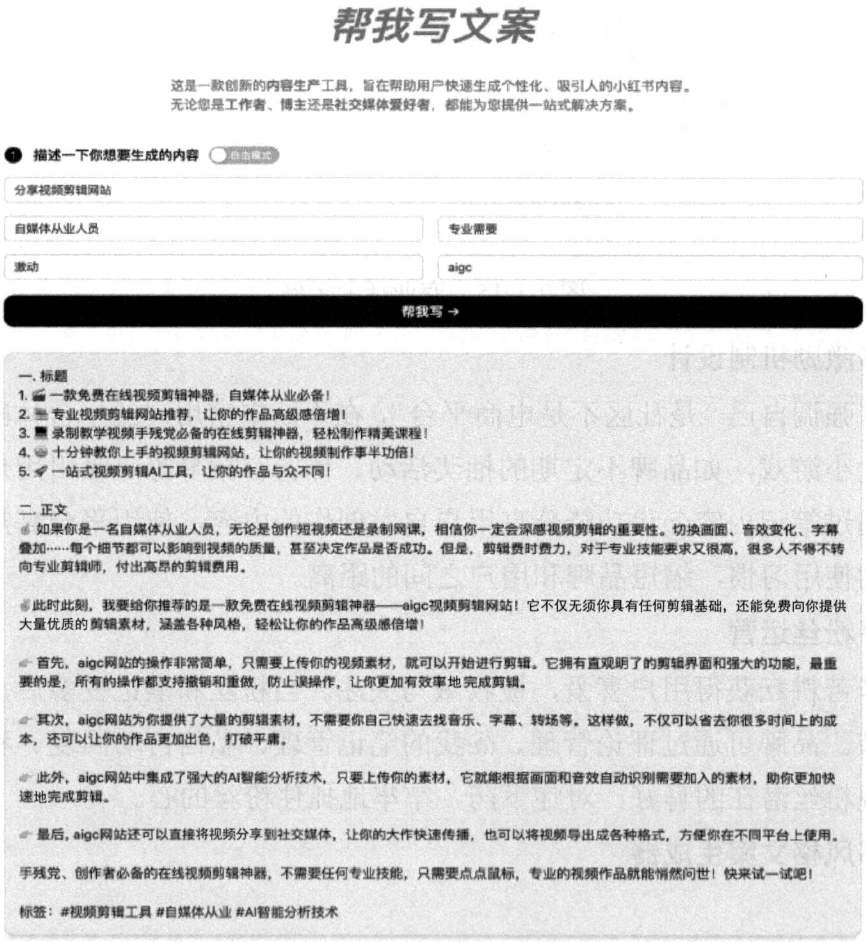

图 2-1-17　帮我写文案生成结果

2. 小红书文案助手

在小红书文案助手界面，简单描述想要生成的文案内容，即可一键生成小红书文案，如图 2-1-18 所示。使用这个网站无须注册，而且是免费的。重复点击"生成文案"按钮，可以生成不同的文案，如图 2-1-19 所示。

项目二　新媒体图文创作

图 2-1-18　小红书文案助手界面　　　　图 2-1-19　小红书文案助手生成结果

小红书文案助手通过调用 OpenAI，借助 Vercel Edge Functions（边缘部署），实现智能化文案创作与高效服务。

3. 智能箱 AI

智能箱 AI 是一个免费、无须注册就能使用的 AI 开放平台，界面如图 2-1-20 所示。其功能包括：周报生成器、邮件写作助手、OKR（目标与关键成果法）规划、英文文档润色器、产品介绍文章生成器、文章标题生成器、知乎风格问答器、短视频脚本生成器、文章编写助手、文章续写助手、SEO（搜索引擎优化）文章生成器、朋友圈文案助手、小红书风格模拟器、商品点评助手、餐厅点评助手、解梦小助手、法律顾问、高情商回复小助手、emoji 转换器等。

图 2-1-20　智能箱 AI 界面

41

▶▶▶ 新媒体内容制作

选择小红书风格模拟器，描述你想发布的内容，即可一键生成小红书风格的文案。重复点击"生成"按钮，可以生成不同的文案，如果对生成的文案满意，可直接复制，如图 2-1-21 所示。

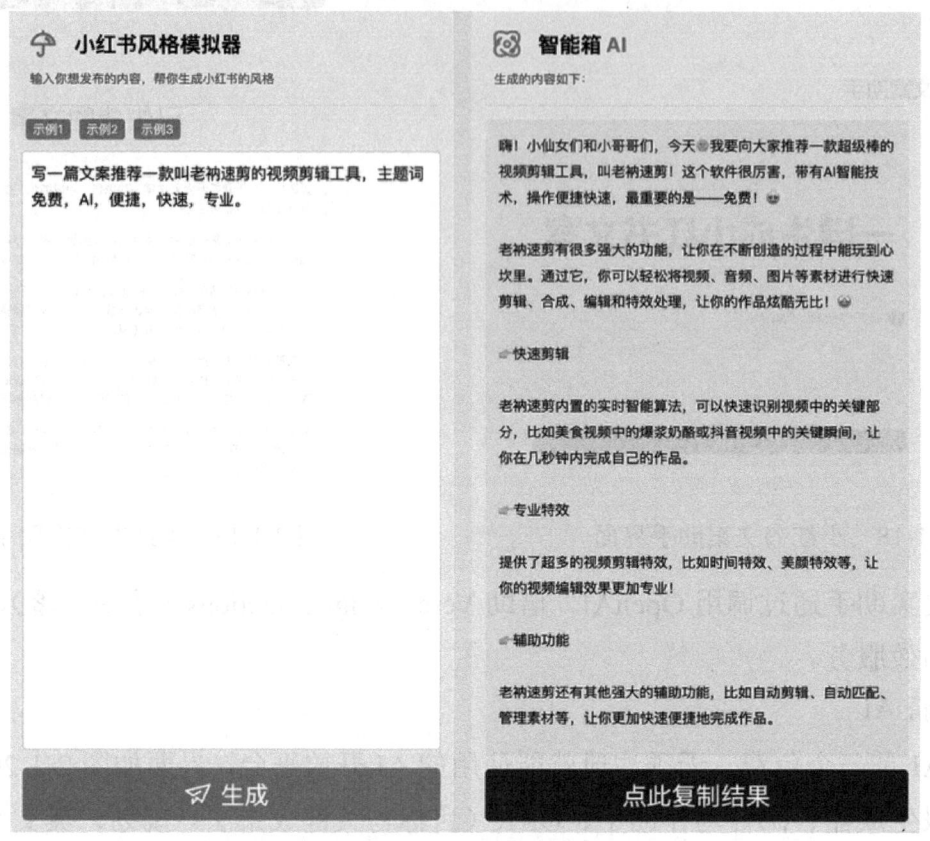

图 2-1-21　智能箱 AI 生成结果

除了以上介绍的文案生成器，还有很多其他的生成器，如小红书创作服务平台、AiTxt 等。

活动拓展

李曼婷在不影响公司工作任务的前提下，开始运营属于自己的种草号，并坚持每周创作至少 1 篇种草文案。

你也试试吧！

任务二　微信公众号图文创作实战

任务情景

暑假期间，李曼婷通过了星河网络贸易公司的面试，顺利进入该企业的自媒体运营小组，负责企业微信公众号的运营维护工作。上班的第一周，李曼婷接到工作任务，企业的一个主推款产品需要用微信公众号推文做宣传。李曼婷将在企业导师的带领下，结合企业产品卖点，拟定推文主题，整理图文资料，完成微信公众号推文的写作。

活动一　微信公众号推文标题写作

活动描述

接到工作任务后，李曼婷结合企业导师的意见，根据企业给出的主推款产品信息（见表2-2-1），拟定微信公众号推文主题，编写微信公众号推文标题。

表 2-2-1　主推款产品信息

产品	实木茶几	风格	日式	材质	全实木
木质	白橡木	桌角	大圆角	桌腿	边几腿
颜色	原木色	工艺	环保油漆喷涂	原材	北美进口木料
总高	43cm	总长	60cm	总宽	47cm
产品图片					

活动实施

第一步：推文主题设计

企业导师告诉李曼婷，要写好一篇微信公众号推文，首先要对产品进行分析，找出关键点或关联性事件，提炼出推文的中心思想和主题，再编写标题。李曼婷分析了企业主推款产品的优缺点、卖点与用户痛点，对推文主题做了初步的设计，填写产品分析与推文主题设计表，如表 2-2-2 所示。

表 2-2-2　产品分析与推文主题设计表

产品分析	优点	北美进口白橡木，木色自然，实木耐用；环保油漆喷涂，安全放心；边角45°倒边设计，优雅美观、安全友好。 桌腿设计采用V形三角力学原理，美观稳固；占用面积小，精致小巧

续表

产品分析	缺点	实木较重；无抽屉，桌面面积小，放置物品空间有限
	卖点	占用空间小，设计感强
用户痛点		小户型套房客厅空间小，传统大茶几不适用
主题（中心思想）		小户型套房应选择什么样的茶几

第二步：推文标题写作

李曼婷根据设计好的推文主题，选择推文标题类型，拟定推文标题，填写推文标题写作表，如表 2-2-3 所示。

表 2-2-3　推文标题写作表

标题类型/技巧	反问+强调
标题	传统的茶几是小户型的空间杀手？聪明人都知道怎么选茶几！

知识锦囊

一、微信公众号推文标题写作的注意事项

1. 标题不宜过长

推文的标题字数不能超过 64 个，如果超过 64 个，标题就会显示不全。显示不全的部分会变成省略号，用户只有打开推文才能看到完整的标题。

2. 标点符号不宜超过 3 种

标题的标点符号不宜过多，不要超过 3 种，否则看起来会过于复杂，还占用标题长度。另外，标题的结尾不需要用句号，但根据语境可以选择使用省略号、问号或感叹号。

二、优秀微信公众号推文标题的特点

1. 通俗易懂

在当今互联网大环境下，大多数用户都喜欢简单直接。如果标题让人看不懂，那基本上很难让人有继续看正文的欲望。所以标题一定要直击要害，让用户能快速判断出这是不是自己感兴趣的内容。例如：

《朋友们，拯救"书荒"神级书单来啦！》

2. 有价值

在阅读手机上各种软件的广告推送时，面对数十条信息，真正能被点开看的往往只有几条。但被忽略掉的信息也有可能是有用的，被忽略的理由很简单，就是没有在标题中突出有价值的信息，无法快速抓住用户的眼球。例如：

《今年，值得一读的文案书是这本》

3. 引起好奇心

看到标题→产生疑问→迫切想知道答案→点击正文。这是用户看到标题后点击正文的一个心理步骤，所以让标题引起用户的好奇心是至关重要的一点。例如：

《反正这本文案书豆瓣评分 9.0 分，看不看随你》

4. 用户相关性

举例来说，点开《快速掌握文案写作技巧，助你涨粉十万名！》这篇文章的用户，自然是写文案且想要提高文案阅读量的人。这就是用户相关性。让用户通过标题就能联想到"这说的就是我啊"。例如：

《是谁看到了大家想摸鱼的小心思？》

三、微信公众号推文标题写作技巧

1. 紧迫型

让用户焦虑、有紧迫感的标题，往往也很容易吸引其关注，用户可能会想马上打开看看究竟是怎么一回事。例如：

《这个东西千万不要买，很多人都不知道》

《×××事件真相曝光，可能很快被删，速看速收藏！》

2. 数字型

数字型即在标题中使用数字。一般情况下，标题中的数字是阿拉伯数字。数字能让标题信息变得具体，让模糊的概念变得明确，增强文字的说服力，让人觉得更专业。例如：

《拆解 100 篇爆文，总结出这 8 个精辟写作套路》

3. 疑问型

让用户快速点开推文的前提是激起他们的好奇心。标题使用疑问句式能引发用户的思考，使用户对答案产生好奇心。疑问型的标题又可分为提问式、反问式、自问自答式。

（1）提问式。例如：

《如何利用碎片时间拉开与同龄人的差距？》

《普通人如何从 0 到 1 打造个人品牌？》

《如何利用小红书搜索位引流精准粉丝？》

（2）反问式。例如：

《你真的会做私域流量吗？》

《为啥自洽的人会更快乐？》

（3）自问自答式。例如：

《时间真的能改变一个人吗？名人有话跟你说》

《3 天能涨粉 10 万名？这样做或许你也可以》

4. 对比型

对比型是指制造冲突和反差。在标题中直接表明两个相对立的观点，通过数字对比、矛盾比较等方式来引起用户的好奇心。通过强烈对比，凸显自己要阐述的观点，激发用户点击的欲望。例如：

《十年前 vs 十年后》

《月薪 3000 元与月薪 30000 元的文案区别》

5. 悬念型

悬念型是营销软文常见的一种标题类型。如果想让用户看到标题就点进去看，那就需要激起他们强烈的好奇心。通过在标题里设置悬念，在用户心中留下谜团，引发用户的好奇心，也就是"话说一半留一半"，没说的部分在文章中阐述。例如：

《天猫双 11 攻势强烈，获益最大的竟然是他们……》

需要注意的是，悬念型标题和疑问型标题有相似之处，但也有所区别。疑问型标题更倾向于表述人们不太明白、抱有疑问的事情。悬念型标题更倾向于表述新奇、超出常理的事情。

6. 蹭热点型

许多企业要求新媒体运营岗位人员网感好，其中蹭热点也是一种网感。像网络流行语及一些热门事件，本身自带很大的流量，所以可以借助这些热点来写标题，以便获得高曝光度。例如：

《玲娜贝儿爆红，解密迪士尼流量密码》

7. 贴标签型

贴标签就是以某类标签来表明某群人、某类事物等，让用户对号入座，引起情感上的共鸣。在做产品推广时，一定要针对产品分析用户画像，如用户的性别、年龄、兴趣等，然后把用户的共同点提出来作为标签，直接在标题中点明。例如：

《大学生就业需要具备的 10 种能力》

8. 强调型

强调型标题的特点就是采用带有强迫性的语气让用户产生好奇心，如"不得不、千万、真的、别、一定"等词。例如：

《别再抄了！提升文笔要用这个方法》

《女生一定要读历史书，狠狠提升格局》

上面介绍的这几种标题写作技巧可以自由组合使用。例如，悬念型和数字型结合，如图 2-2-1 所示；紧迫型和强调型结合，如图 2-2-2 所示。

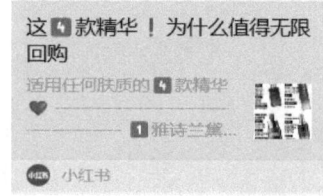

图 2-2-1　悬念型和数字型结合

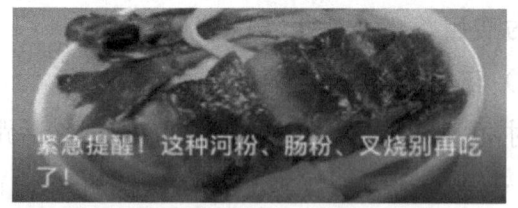

图 2-2-2　紧迫型和强调型结合

【练一练】

李曼婷为了提高微信公众号推文标题写作水平，打算结合其他标题技巧拟定推文标题。请你帮她完成，并填入表 2-2-4。

表 2-2-4 推文标题写作表

标题类型/技巧	
标题	

活动二　微信公众号推文创作

活动描述

在确定了微信公众号推文主题与撰写了推文标题后，李曼婷结合企业导师的意见，学习了微信公众号推文创作的技巧，然后整理好图文资料，完成微信公众号推文创作。

活动实施

第一步：推文内容大纲设计

李曼婷在拟定好主题后，结合产品的卖点，根据微信公众号推文写作技巧，完成推文内容大纲设计，如表 2-2-5 所示。

表 2-2-5 推文内容大纲设计

文章部分	内容大纲
开头 （引入）	代入情景+描述痛点："00 后"努力打拼买下属于自己的小户型新房子，选茶几的时候想找尺寸小一点的，但很多都是非常占地方的传统茶几款式，占据客厅一大半的空间，加上沙发、电视柜，空间所剩无几
正文 （产品卖点阐述）	小编为大家寻找了几款适合小户型房子的茶几，分析了它们的优缺点。 款式 1：脚凳。优点：舒适，既能坐又能翘腿；缺点：不适合放东西。 款式 2：移动边几柜。优点：可以移动，又能放东西；缺点：只适合一个人使用。 款式 3：小桌子边几柜。优点：小巧，不占地方；缺点：站不稳，放东西的地方小。 款式 4：日式实木茶几。优点：容易搭配，可放东西，外形美观，圆角设计不会撞疼使用者；缺点：不能放很多东西
结论 （制造信任感，打消疑虑，促进购买）	总结：较受欢迎的是第四款日式实木茶几！ 理由：实用性强，款式美观、有设计感，能提升客厅格调
结尾 （导购）	呼吁：打破常规的第一步，是让家具更加适合你，而不是成为客厅的累赘。 产品链接（二维码）

第二步：推文写作

李曼婷构思好整体的推文内容框架后，开始写具体的正文内容，并根据内容配好插图，完成推文正文写作，如表 2-2-6 所示。

表2-2-6 推文正文写作

推文正文
现在很多"00后"都工作了，甚至有一部分已经结婚了。 但如果想在一线城市买房，对年轻人来说压力挺大，很多人会选择先买一套小户型的房子过渡。   一旦有了自己的小天地，不管空间多小，都想把它打扮得美美哒，住起来很舒适～ 在添置家具的时候，问题来了…… 小户型的房子面积不大，生活所需的家具又很多，很占空间，如茶几。为什么现在的客厅都放大茶几？我们看得较多的是不是这样的？  或者这样的？  但小户型的客厅撑死20平方米，真的不能再多啦！想想还要在这里摆放个占地方的茶几，我的心就—— 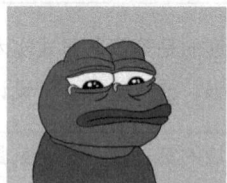 一说到客厅就标配沙发、茶几、电视柜，但是…… 小编提醒大家，千万不要为了追求什么高端大气上档次而去买个大茶几。 不然你就会发现客厅的所有空间都"奉献"给了它，别说练瑜伽、玩游戏什么的了，还得够苗条才能从茶几和电视柜中间穿过去。 所以，小编为大家选了几款适合小户型的茶几。下面和大家一起分享～

续表

1. 脚凳

优点：舒适，既能坐又能翘腿；缺点：不适合放东西。

2. 移动边几柜

优点：可以移动，又能放东西；缺点：只适合一个人使用。

3. 小桌子边几柜

优点：小巧，不占地方；缺点：站不稳，放东西的地方小。

4. 日式实木茶几

优点：容易搭配，可放东西，外形美观，圆角设计不会撞疼使用者；缺点：不能放很多东西。
以上这几款茶几节省空间，能够让小户型的客厅空间显得更大！
但是，小编还是想说，较受欢迎的是第四款日式实木茶几！不仅能在视觉上扩展客厅的空间，还很好看呢～

续表

朴实、简约的茶几巧妙地扩展了小户型客厅的视觉空间!

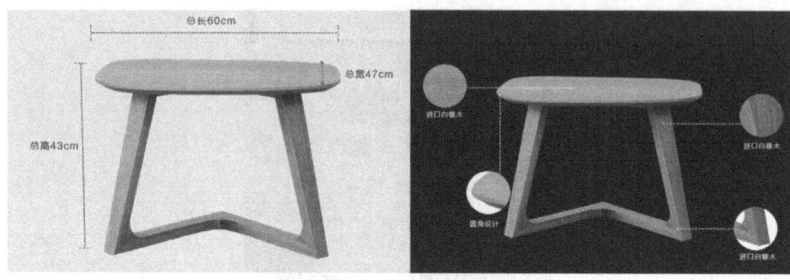

这款茶几采用北美进口白橡木实木制作,非常结实耐用,原木的纹理低调耐看,桌腿设计采用 V 形三角力学原理,既美观又稳固!

设计感极强,能够很好地提升客厅的格调!让你的小家高雅舒适。

打破常规的第一步,是让家具更加适合你,而不是成为客厅的累赘。

这是一款非常受欢迎的日式实木茶几的详情哟!感兴趣的请扫码点击购买。

现在产品正在做 6 月份家居节预热活动,价格是近年来最亲民的,完全可以闭眼冲一波!!!(链接二维码)

欢迎大家前来选购哟!!!

推文摘要

传统茶几已经不能满足年轻人的需求,该怎么选,让小编来告诉您。

知识锦囊

一、什么是微信公众号推文

微信公众号推文是个人或企业通过微信公众号发布的,可以和特定群体用文字、图片、音频、视频等多种形式实现全方位沟通、互动、营销转化的文案。它是非硬性的,即通过文字较委婉地传达要推广的产品或服务。依托微信强大的社交传播力量及微信公众号用户"长文深读"的阅读习惯,个人或企业利用微信公众号发布营销类的推文能极大地降低推广成本,有效提升品牌知名度。

二、微信公众号推文的写作策略

与微博、微信朋友圈营销文案的短小篇幅相比，微信公众号推文一般较长。长文案的优势在于用户可以更深入地了解产品信息，劣势则在于如果没有读到想读的内容，或者文案内容不够吸引人，用户可能放弃阅读。以下是几种常见的推文写作策略。

1. 定位明确，别具一格

微信公众号的账号类型各有不同，文案风格也千差万别。特有的文案风格能够让用户印象深刻，可增强微信公众号的用户黏性。

例如，微信公众号"混知"发布兼具幽默感和科普性的漫画是其特色。此外，很多微信公众号会以特定的创作者或小编的口吻来撰写微信公众号推文。例如，微信公众号"十点读书"的"十点君"，微信公众号"果壳"的"活儿姐"，这类知名微信公众号打造出来的人设，既有鲜明的风格，又能让用户记住。

微信公众号推文的风格及推广的产品需要与微信公众号自身的定位、格调保持一致。在此基础上，营销类推文只需要遵循普通的文案结构，不必带有突出的营销风格。但对专门承接营销产品宣传并承担销售任务的微信公众号而言，其文案风格就比较鲜明且独特，意在吸引潜在用户的注意，实现销售转化。

2. 文案引导，促进分享

微信公众号推文的传播，一方面在于订阅用户的关注和阅读，另一方面在于订阅用户将推文转发至微信朋友圈或其他地方，让更多用户关注和阅读。因此，在撰写微信公众号推文时，需要特别注意，如何引导用户分享，形成二次传播。

微信公众号的分享机制，包括"在看"和"转发"两部分。用户点击"在看"后，就会在微信的"看一看"中显示。"转发"既可以面向个人、微信群，也可以面向微信朋友圈。

3. 强化标题，关注布局

微信公众号采用信息流的形式进行推送，用户在订阅号推送里只能看到标题，如果标题无法吸引用户，那么用户可能根本不会打开推文，更不会浏览推文的信息。由此可见，微信公众号推文的标题尤为重要。

此外，推文的布局及结构也很重要。长推文包含的素材数量远多于短推文。如何根据产品信息和搜集的素材串联全文的篇、章、段、句，让用户一气呵成地读完全文，在不知不觉间了解到产品的信息，直至引导用户购买产品，需要创作者巧妙构思。

三、带货推文的写作框架与技巧

1. 开头

开头可以使用导入问题、引入事件、代入情景、描述痛点等方法切入用户需求，吸引用户注意。

（1）导入问题。人们总是容易对未知的事物好奇，对不懂的事情有研究的欲望，所以在推文的开头导入问题，用户才会有阅读下去的欲望。例如，"这个年头，你觉得什么最火？毫无疑问，答案是短视频。短视频火到什么程度？无论是在等地铁、公交，还是在咖啡馆，你一定会发现很多盯着手机屏幕的人都在看短视频。"

（2）引入事件。通过引入用户关心的新闻、热点等吸引用户的注意力，并过渡到正文。例如，一篇漫画系列丛书的推文开头是这样的："《流浪地球》和《三体》让刘慈欣这个名字被科幻小说爱好者口口相传，即便不是科幻小说爱好者，也有所耳闻。他是'雨果奖'亚洲第一人，曾连续8年蝉联中国科幻小说'银河奖'，拿过3个全球'华语科幻星云奖'，获得霍金同款'克拉克想象力服务社会奖'。"

（3）代入情景。在开篇引入一个能够吸引用户的情景，或者营造一种能引起用户共鸣的氛围，往往能够有效地预热主题。例如，某润喉糖品牌曾推出一篇名为《喝广东靓汤，还需要一副好咽喉》的推文，开头就将用户置身于一个充满美味的"靓汤世界"，各色营养靓汤令人垂涎；随后再进一步写喝过热的汤或过快喝汤对嗓子的伤害，最终引出要推广的产品。

（4）描述痛点。作者应了解用户对某一事物的感受，设身处地地从用户的角度思考问题，有意识地描述痛点，从思想上和情感上引起用户的共鸣。例如，某驱蚊产品的推文开篇这样写："一天天热起来了，立夏才刚过，蚊子就开始猖獗，一不小心就被咬得'体无完肤'，又红又肿，越挠越痒。尤其是细皮嫩肉的小孩，被咬了会比大人难受多倍；不但痒，皮肤还红红的一大片，几天都不退，看着就心疼。"

2. 产品卖点阐述

（1）陈述产品细节，突出产品卖点。好推文的特征是能突出产品的卖点，把产品细节（包括产品的原理、性能、设计等方面）描述清楚，让潜在用户注意到产品设计者在细节上的用心。产品的细节描述得越具体，说服力往往就越大，具体包括以下4个方面。

第一，具象用户感受。详细描述用户使用产品后的体会，把用户心中抽象的感受展现为具体的文字，让用户有强烈的身临其境之感，用户的购买欲望就会提高。

第二，科普产品的原理和性能。产品的原理和性能直接关系产品的品质，而品质又是用户较关心的。

第三，讲述背景与文化。讲述背景是为了突出产品历史悠久的特点，讲述文化是为了迎合潜在用户的精神需求。随着人们物质生活水平的不断提高，用户的购买动机更倾向于追求品位而非满足基本生活所需，此时背景与文化就成为产品的一大卖点。

第四，与竞品对比。如果推文能明确指出所推产品与其他产品相比所具有的优势，许多用户就会倾向于选择该产品。

（2）利用故事营销，打造情感纽带。在推文中除了要将产品的细节描述出来，还要引发用户对这一产品的情感认同。为达到这一目的，一个有效的方式就是故事营销，这样推文就从冰冷的产品推广转变为联系用户的情感纽带。故事营销比普通推广更能唤起用户的购买欲望。所谓故事营销，就是通过讲故事为产品增加附加值，唤起用户对产品的认同感。

3. 制造信任感

（1）突出权威性。推广内容应突出权威性，将用户对权威机构、权威个体的信任转移到产品或服务上。

（2）用细节打动用户。品质生活来源于细节，若推文能够从生活细节入手，通过一件小事或微不足道的事物表达出产品可以给用户带来什么体验，哪些细节可以解决用户的哪些痛点，会比陈述产品卖点更有说服力。

（3）用数据说话。利用直观的数据展示产品的特性或优势，也能增加用户对产品的信任感。例如，OPPO 手机，充电 5 分钟，通话 1 小时；美的空调，1 晚 1 度电；精工石英表，1000 次撞击，依然精确无比。

（4）运用示范效果。实用性强的产品，更适合运用示范效果法。例如，用户购买行李箱时，不清楚行李箱是否牢固，此时销售员把行李箱放倒，然后站在行李箱上，行李箱依然没有变形，可见其十分牢固。如图 2-2-3 所示，将 12 枚硬币摞在一张湿了的纸巾上，展现纸巾的韧度高和浸水不破。

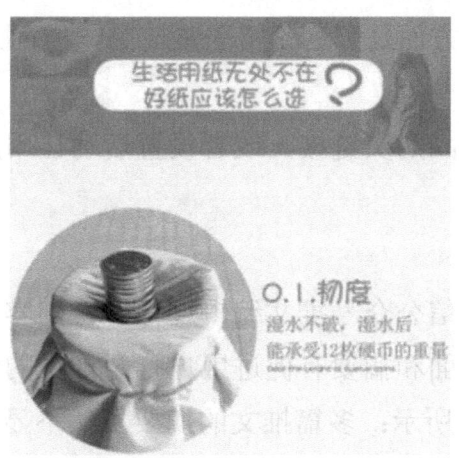

图 2-2-3　示范效果展示

（5）说愿景。一些同质化产品，实用性方面与其他产品相比差异不大，通常用说愿景的方式去满足用户的归属感、受尊重感等情感需要。如图 2-2-4 所示，用多种令人愉悦的场景来体现人坐在沙发上的感受，突出沙发的舒适。

图 2-2-4　愿景展示

4. 强化消费意愿，促成购买

促成购买是推文的目标。推文的标题、内容写得再好，如果最终没能促成用户购买，也算不上一篇成功的推文。有 3 种方法可以强化用户的消费意愿。

（1）制造稀缺性。制造稀缺性是一种简单且行之有效的方法。用户在掏钱购买产品时往往会犹豫、拖延，消费欲望会越来越弱，最后不了了之；而产品的稀缺会让人产生一种紧迫感，从而加快决策的速度。通常而言，用户会在 3 种情形下体会到稀缺性：限时、限量、限制身份。

（2）打消价格顾虑。当用户对产品的价格敏感度较高时，采用限时、限量、限制身份的策略制造稀缺性，仍然不足以促使用户购买，用户会在推文所推广的产品与竞品之间犹豫不决。因此创作者需要在推文中主动证明价格的合理性，有策略地打消用户对价格的顾虑，帮助其轻松、快速地做出购买决策。可以运用这 3 种方法打消用户的价格顾虑：竞品价格对比；设立阶梯价格；转换获益视角。

（3）消除消费心理阻力。很多用户阅读完推文，虽然产生了购买意愿，最终却没有购买。之所以会出现这样的情况，一方面是因为价格因素，另一方面是因为用户的心理因素。

5. 结尾

推文的结尾一定要附上产品购买链接，或者设置活动让用户参与抽奖，引导用户分享、转发等。

四、推文摘要

微信公众号推文摘要是微信公众号推文编辑过程中特别容易被忽略的部分。标题是影响推文打开率的首要因素，而封面和摘要有促进用户打开推文的辅助作用。单篇推文的摘要会显示在封面下方，如图 2-2-5 所示；多篇推文的摘要虽然不显示在封面下方，但是在转发给好友或微信群时会显示在标题下方。

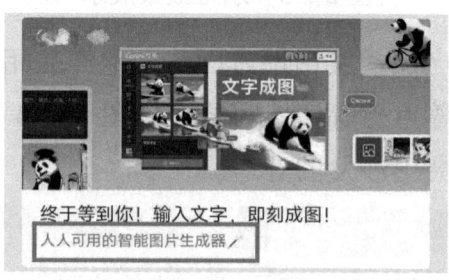

图 2-2-5　推文摘要展示

摘要在微信公众号推文编辑页面可选填，最多 120 个字；若不填写，系统会自动抓取推文前 54 个字作为摘要。

关于微信公众号推文的摘要，有以下写作技巧。

1. 突出核心信息

摘要应该突出推文的核心信息，并用简短的语言表达。可以通过强调关键词、用简短的句子表述主题等方式来实现。

2. 简明扼要

摘要应该使用简洁明了的语言,避免使用复杂的句子;注意语言的规范性,避免错别字或语法错误;一般不超过80个字。可以从推文的标题、主题、内容等方面入手。

3. 洞察受众需求

摘要要能够吸引用户的注意力,引发用户的兴趣和好奇心。可以从用户关心的话题、热点事件等方面入手,根据用户需求编写摘要。

4. 借助数字或数据

数字或数据可以直观地传达推文的信息,让用户对推文内容有更深入的了解。可以根据推文的内容,选取适当的数字或数据,并将其加入摘要。

【练一练】

李曼婷为了提高自己的微信公众号推文写作水平,打算利用空余时间,基于表 2-2-7 所示的校企合作产品做练习,写一篇营销类的推文。

表 2-2-7 校企合作产品信息

产品	童装连衣裙	品牌	某品牌	适用年龄	3~12岁
适用性别	女	面料	纯棉(棉含量100%)	颜色分类	粉红色、春草绿
裙型	A字裙	图案	小爱心	衣领	圆领
风格	可爱淑女田园风	参考身高	90~160cm	适用季节	夏季
产品图片					

请你也试一试吧!

微信公众号推文中的侵权问题分析

微信用户体量巨大,微信公众号作为运营手段也深受企业青睐,但由于不少企业微信公众号的运营人员或编辑对著作权相关法律法规缺乏重视与了解,对相关审核及风险把控不到位，很容易引发著作权纠纷，致使企业承担侵权责任、遭受损失。

问题一：引用他人摄影作品或原创图片，在已经注明出处的情况下，是否侵犯著作权？

答：仍可能构成侵权。很多企业对侵权存在认知误区，认为"只要在推文中注明图片来源就不构成侵权"。然而依照我国著作权法的相关规定，著作权其实是一个包含发表权、署名权等人身权利及复制权、出租权等财产权利在内的"权利束"，具备丰富的权利内涵。"注明图片来源"仅仅保障了作者的署名权，未经许可将他人享有著作权的图片用于自己的微信公众号推文中，仍然可能侵犯著作权人的信息网络传播权等权利，属于侵权行为。

问题二：其他微信公众号未声明不可转载，企业将之转载至自己的微信公众号，构成侵权吗？

答：很可能构成侵权。微信公众号推文创作伊始，著作权人就享有著作权。不论著作权人是否标注"未经许可，不得转载"，企业在未经授权的情况下将他人的推文转载至自己的微信公众号，都涉嫌侵犯著作权人的信息网络传播权。

问题三："侵删声明"真的能够免除侵权责任吗？

答：不能。有些企业会在转载内容的末尾写上"如认为转载涉嫌侵权，联系删除"等，一般称之为"侵删声明"。"侵删声明"最早因网络服务提供者的"避风港原则"产生，即网络服务提供者发现所提供的网络平台内容涉嫌侵犯他人权益，收到权利人通知后及时对侵权内容采取删除、断开链接等手段，可不承担侵权责任的规定。但个人或企业商业化运营的微信公众号显然不属于提供搜索或链接服务的网络服务提供者，即使做出了"侵删声明"，侵权事实也依然存在，除存在合理使用、法定许可等情形外，此类"侵删声明"其实并不能免除企业的侵权责任。

问题四：原创推文使用侵权图片，对推文进行转载的第三方企业构成侵权吗？

答：构成侵权。首先，原创推文中未经许可使用了他人受著作权保护的图片，第三方企业将之转载到自己的微信公众号上，不管是第几手转载，都侵犯了图片著作权人的信息网络传播权；其次，因为被转载的原创推文也是著作权客体，如企业未获得转载授权，还涉嫌侵犯推文著作权人的相关权利。

事实上，微信公众号推文中的侵权问题是一个庞大的议题，上述内容仅对常见问题做出了简要分析。是否真的构成侵权，还要综合考虑合理使用、法定许可等诸多因素，应当交由专业人士依照具体情况进行判断。但无论如何，企业在发布微信公众号推文时都应当重视著作权保护，尽到合理的审查义务，避免使自身陷入诉讼风险。

任务三　H5 创作实战

任务情景

李曼婷在校加入了电子商务专业的社团，本周接到校企合作企业的宣传任务。某知名女装品牌在 9 月 10 日将推出新品，举办以"中国刺绣"为主题的新品发布会，要求学生社团帮助企业完成发布会邀请函的制作。李曼婷作为该项目的负责人之一，将在社团老师及企业导师的带领下，了解企业活动信息及需求，进行相关资料整理，并进行发布会邀请函的 H5 文案内容创作。

活动 H5 文案内容创作

活动描述

接到企业项目后，李曼婷组织社团学生成立了项目小组并展开了讨论，结合社团老师与企业导师的意见，根据企业给出的活动信息与要求，完成如表 2-3-1 所示的企业资料收集表，并编写 H5 文案。

表 2-3-1 企业资料收集表

企业资料
活动主题：2025 年"中国刺绣"新品发布会
活动时间：2025 年 9 月 10 日 14:00—20:30
活动地点：广州市××区×××路×××文化广场
具体活动安排：14:00 活动签到；14:30 活动开始，由企业领导致辞；15:00 新品展示；16:00 嘉宾交流；17:30 自助晚餐；19:00 晚会表演，时长 1 小时；20:00 合影留念
需求：制作发布会邀请函，包含以上信息要点，要有报名信息填写链接

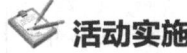活动实施

第一步：发布会邀请函 H5 文案内容规划设计

社团老师与企业导师告诉李曼婷，要制作 H5 文案，首先要对 H5 文案内容进行整体规划，确定每页的内容，注意前后信息的关联性与内容布局的顺序。李曼婷结合企业新品女装的特点与本次活动的主题特色，对企业资料进行梳理，对 H5 文案内容做了初步的整体设计，进行发布会邀请函 H5 文案内容规划，如表 2-3-2 所示。

表 2-3-2 发布会邀请函 H5 文案内容规划

H5 页面序号	内容规划
第 1 页（封面）	显示邀请函主题与活动时间
第 2 页	作为邀请函补充说明，列出活动详细时间
第 3 页	以书信形式写一封邀请函，说明举办活动的时间、地点、主题
第 4 页	"中国刺绣"的概念
第 5 页	企业举办"中国刺绣"新品发布会的原因说明
第 6 页	活动详情，包括主题、具体时间、活动地点
第 7 页	活动流程（以流程图形式展现）
第 8 页	产品展示（图文展示）
第 9 页	活动地址（地图导航）
第 10 页	报名表单填写
第 11 页	企业二维码

第二步：发布会邀请函 H5 文案内容创作

李曼婷对 H5 文案的每页内容进行编写，在这个过程中企业导师提醒李曼婷，创作文案时要围绕主题，注意信息传达的有效性。

李曼婷根据企业资料，编写具体的文案内容，进行发布会邀请函 H5 文案内容创作，如表 2-3-3 所示。

表 2-3-3 发布会邀请函 H5 文案内容创作

H5 页面序号	文案内容
第 1 页（封面）	大标题：邀请函 副标题："中国刺绣"新品发布会 内容：9 月 10 日诚邀您参加 装饰：WE CORDIALLY INVITE YOU TO ATTEND OUR MEETING
第 2 页	标题：春暖花开 新品上市 内容：2025 年 9 月 10 日；××女装
第 3 页	标题：诚挚邀请 内容：（以书信形式） 尊敬的先生/女士： 十分荣幸邀请您参加我们公司举办的 2025 年女装春夏"中国刺绣"新品发布会，开启女士品牌新历程。 每个品牌都有自己精准的定位，每个系列都是一道如诗的风景。让你我于 2025 年 9 月 10 日相约在×××文化广场，共同谱写美丽的发展篇章吧！相信您在参与中定会有所收获，不虚此行！热烈欢迎您的莅临与参与！ 2025 年 9 月 1 日 广州市××集团股份有限公司
第 4 页	标题：中国刺绣 内容：中国刺绣又称丝绣、针绣，是中国优秀传统工艺之一。中国是世界上发现与使用蚕丝最早的国家，人们在四五千年前就已经开始养蚕、缫丝了。随着丝织品的产生与发展，刺绣工艺也逐渐兴起。宋代时期崇尚刺绣服装的风气，促进了中国刺绣工艺的发展。中国四大名绣分别是苏绣、粤绣、湘绣、蜀绣。
第 5 页	标题：刺绣传承有我 内容：××女装在中国文化节期间，为发扬优秀传统工艺——刺绣，特发布以刺绣为特色的新品女装，并以"中国刺绣"为主题，召开新品发布会。
第 6 页	标题：活动详情 内容 1： （1）小标题：活动主题 （2）正文：2025 年春夏"中国刺绣"新品发布会暨××女装 4 周年会议 内容 2： （1）小标题：活动时间 （2）正文：2025 年 9 月 10 日 14:00—20:30 内容 3： （1）小标题：活动地点 （2）正文：×××文化广场

续表

H5 页面序号	文案内容
第 7 页	标题：活动流程 内容：（流程图） 14:00—14:30 嘉宾入场签到 14:30—15:00 领导开场致辞 15:00—16:00 新品展示开始 16:00—17:30 嘉宾互相交流 17:30—19:00 自助晚餐开始 19:00—20:00 晚会节目表演 20:00—20:30 合影留念
第 8 页	标题：产品展示 内容：（产品 1 图片）促销价¥119　2025 年春夏刺绣田园风花苞袖衬衣 　　　（产品 2 图片）促销价¥139　2025 年春夏新款兔子刺绣短袖上衣
第 9 页	标题：地址导航 内容：活动地址（加地图链接） 公司名称：广州市××集团股份有限公司 公司地址：广州市××区×××路×号 公司电话：010-12345678 公司网址：www.××××××.com
第 10 页	标题：报名参加 内容 1：（填写框）姓名　电话　人数　留言 内容 2：（预约链接） 内容 3：诚邀您参加
第 11 页	标题：联系我们 内容：（二维码） 扫码联系我们

知识锦囊

一、认识 H5

H5 有广义和狭义之分，下面将分别介绍。

1. 广义上的 H5

广义上的 H5，指第五代超文本标记语言（Hyper Text Markup Language，HTML），也指用 H5 制作的一切数字产品。用户上网所看到的网页，大多数是用 HTML 代码写成的。超文本指页面内可以包含图片、链接、音乐等非文字元素，而标记指这些超文本必须由包含属性的开头与结尾标志来标记。浏览器通过解码 HTML，就可以把网页内容显示出来。

在 H5 之前，网页的访问主要是在计算机上进行的。随着智能手机的普及，网页的访问已经从计算机逐渐转移到移动设备。上网方式的变更推动了相关技术的发展。

H5 增强了对移动设备的支持。人们可以利用 H5 开发出更适合移动端操作的界面，调用手机的特殊硬件。现在 H5 之所以会引发人们的广泛关注，根本原因在于它不只是一种标记语言，更为下一代互联网提供了全新的框架和平台，包括提供免插件的音/视频、图像、动画，以及其他重要功能，并使这些应用标准化和开放化。

2. 狭义上的 H5

狭义上的 H5，指互动形式的多媒体广告，是和移动互联网一起发展起来的。H5 的显著优势在于它的跨平台性：用 H5 搭建的站点与应用可以跨 PC 端与移动端，兼容 Windows 系统、Linux 系统、安卓系统与 iOS 系统。它可以容易地被移植到各种不同的应用平台上，打破平台各自为政的局面。这种强大的兼容性可以显著降低站点和应用的开发与运营成本，让企业获得更多的发展机遇。

此外，H5 的本地存储特性也给用户带来了很大的便利性。基于 H5 开发的轻应用比本地 App 拥有更短的启动时间和更快的网络速度，而且无须下载，特别适合手机等移动设备。H5 让开发者无须依赖第三方浏览器插件即可创建图形、版式、动画及过渡效果，让用户用较少的流量享受到炫酷的视觉与听觉效果。

二、H5 文案构成与写作要点

H5 形式多样，但无论什么形式的 H5，都离不开文案。文案是 H5 的灵魂，帮助创作者传达中心思想。

1. H5 文案构成

H5 文案主要分为标题、内容两个部分。

标题有三大基本功能，一是传达信息，二是吸引注意力，三是引导阅读下文。标题往往是 H5 文案的主题。常见的 H5 文案主题有企业招聘、品牌宣传、公益活动、邀请函、互动抽奖等。要想写出好的标题，就要先明确主题，了解宣传目的，清楚目标人群，再确定文案风格。

H5 文案常见的 8 个标题类型如下。

（1）直接式。例如，使用 PS 的技巧。

（2）暗示式。例如，这样做才浪漫。

（3）新知式。例如，不一样的观点。

（4）如何式。例如，如何玩转新媒体营销。

（5）提问式。例如，怎么才能搞定设计。

（6）命令式。例如，型男都应该有的发型。

（7）目标导向式。例如，七步帮你玩转数据分析。

（8）见证式。例如，很多人都在用。

H5 文案的内容指除标题外的正文内容，主要围绕主题展开说明。

2. H5 文案写作要点

（1）文案精简、表达准确。H5 文案受限于手机屏幕尺寸，展现的内容有限，这就要求文案精准简洁，用较少的文字表达较准确的信息。有研究表明，在网络环境下，用户对一则广告或一个媒体信息的关注时间平均不超过 2 秒钟，对每个手机页面的浏览停留时间大概是 5

秒钟。在这极短的时间内，页面中的文字描述不应非常详尽，而应突出重点，表述精简，让用户在有限时间内阅读有效信息。

（2）文案内容容易理解。有时为了创作出有创意的文案，可以加入很多创意类的文案内容来吸引用户关注，但要注意避免太"文艺"、不容易让用户理解的内容。若文案中需要使用准确的数据，还要注意避免过于生硬，不要像说明书一样，缺少情感化的描述。

（3）考虑用户的阅读感受。用户的阅读感受是一种对文案的感性认知。因此，可从最终用户的角度来检验文案的好坏。文案内容要能给用户以真实感、信任感，让用户有明确的产品使用预期。

【练一练】

李曼婷打算利用课后时间制作介绍社团的 H5 页面，用于社团招新推广。在制作 H5 页面之前，李曼婷先对 H5 文案内容进行创作，并填入表 2-3-4 中。请你和她一起完成吧！

表 2-3-4　社团介绍 H5 文案内容创作

H5 页面序号	文案内容
第 1 页	标题： 内容：
第 2 页	标题： 内容：
第 3 页	标题： 内容：
第 4 页	标题： 内容：

续表

H5页面序号	文案内容
第5页	标题： 内容：
第6页	标题： 内容：
第7页	标题： 内容：
第8页	标题： 内容：
第9页	标题： 内容：

思政园地

常见的H5内容发布规范与账号使用规则

反对利用H5页面传播如下内容或进行如下行为。

（1）诱导分享行为（符合以下任意一条即算违规）。

① 强制用户分享：分享后才能继续下一步操作，包括但不限于分享后方可预约、分享后方可知道答案等。

② 利诱用户分享：分享后对用户有奖励，包括但不限于邀请好友拆礼盒、集赞、分享可增加一次抽奖机会等。

③ 胁迫、煽动用户分享：用夸张言语来胁迫、引诱用户分享，包括但不限于"不转不是中国人""请好心人转发一下""转发后一生平安""转疯了""必转"等用语。

④ 提示分享朋友圈：活动页面出现"分享朋友圈"等类似字样。

⑤ 诱导用户分享：场景包括但不限于用按钮、弹层、弹窗、文字等诱导用户分享。

（2）强制用户关注微信公众号。

（3）网页游戏测试。

（4）散布谣言。

（5）违反国家法律法规的言论。

（6）医疗机构、药品、医疗器械、健康体检类广告。

项目三

新媒体短视频内容创作

 **项目导入**

> **10亿名短视频用户，意味着什么？**
>
> 2024年3月28日，第十一届中国网络视听大会开幕，《中国网络视听发展研究报告（2024）》同步发布。截至2023年12月，我国短视频用户规模达到10.53亿名，我国网络视听用户规模达到10.74亿名。国人消耗在短视频内容上的人均单日使用时长为151分钟。但是10.53亿（名）规模的短视频用户，已经基本触及行业的上限。这对短视频行业的发展提出了更高的要求：审美疲劳后，只有更新、更优质的内容才能继续获得用户的关注。
>
> 2023年以来，以人工智能为代表的科技取得了显著的进步。而人工智能生成内容（Artificial Intelligence Generated Content，AIGC）等技术创新，对短视频行业来说，或许是实现视频数量井喷、内容自动生成和高度个性化的机会。此外，随着虚拟现实、元宇宙技术的进步和应用，内容载体的形式将被重塑。短视频内容作为时下较为火爆的内容形式，未来还会有更多可能性。
>
> 思考：
> 1. 随着人工智能的发展，有哪些视频内容创作的工作岗位可能会被替代？
> 2. 为了避免以后从事的视频内容创作的工作岗位被替代，你可以做些什么？

 **学习目标**

【知识目标】

- 理解什么是短视频账号定位；
- 理解什么是用户画像；

- 熟悉短视频内容制作流程；
- 熟悉音频节目制作流程。

【技能目标】
- 能够根据账号的定位进行短视频内容创作；
- 能够制作各种类型的音频节目。

【素养目标】
- 培养学生在音/视频内容创作方面的版权意识和创新意识；
- 引导学生遵从公序良俗，树立社会主义核心价值观；
- 提高学生的新媒体从业素质；
- 提高学生对美的鉴赏能力，培养美学素养。

思维导图

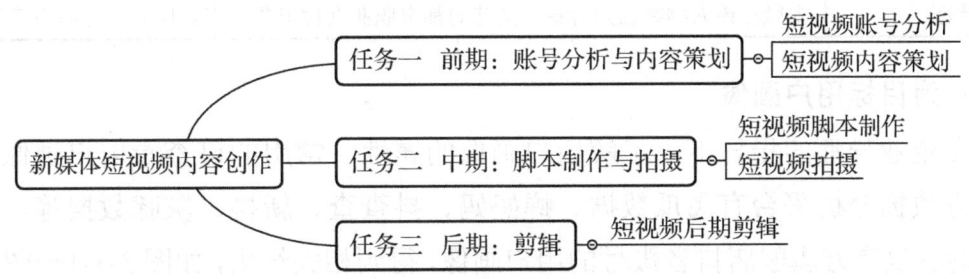

任务一 前期：账号分析与内容策划

任务情景

新学期，李曼婷将进入公司实习，她通过面试成为该公司旗下品牌茵曼女装的新媒体部门的一名实习生，她所在的小组是短视频运营小组，负责运营茵曼官方旗舰店抖音账号。接下来她将在企业导师的带领下，了解该账号的定位，根据账号定位进行选题策划、脚本制作、视频拍摄和剪辑，创作出适合公司账号发布的短视频内容。

活动一 短视频账号分析

活动描述

进入短视频运营小组实习的第一天，企业导师告诉李曼婷，在进行短视频创作之前需先了解所负责的抖音账号。因此，李曼婷先对茵曼官方旗舰店抖音账号的定位、用户画像、账号风格进行了解与分析，以在以后的工作中创作出符合账号定位的内容。

活动实施

第一步：分析目标账号定位

企业导师告诉李曼婷，要创作出好的视频内容，就必须明确账号定位。在内容创作时，越输出符合定位的内容，标签越准确，账号收益就越高。

李曼婷打开抖音 App，找到茵曼官方旗舰店抖音账号，观看该账号以往发布的视频，对账号的内容进行分析，填写如表 3-1-1 所示的账号分析表。

表 3-1-1 账号分析表

账号名称	茵曼官方旗舰店
账号类型（企业号/个人号）	企业蓝 V 认证号
账号粉丝数	约 101 万名
账号点赞数	约 571 万个
内容类型	该账号属于服饰类，视频内容主要是推荐茵曼女装，同时分享服装搭配技巧
人设特征	视频出镜人物特征为青春、文艺的都市职业女性形象，喜好棉麻、时尚小清新类型的服装

第二步：为目标用户画像

李曼婷在企业导师的指导下，了解用户画像的属性。常用的可查看用户画像并进行账号分析的第三方数据分析平台有飞瓜数据、蝉妈妈、抖查查、新抖、灰豚数据等。李曼婷先用灰豚数据查询茵曼官方旗舰店抖音账号的用户画像，得到相关结果，如图 3-1-1～图 3-1-4 所示。

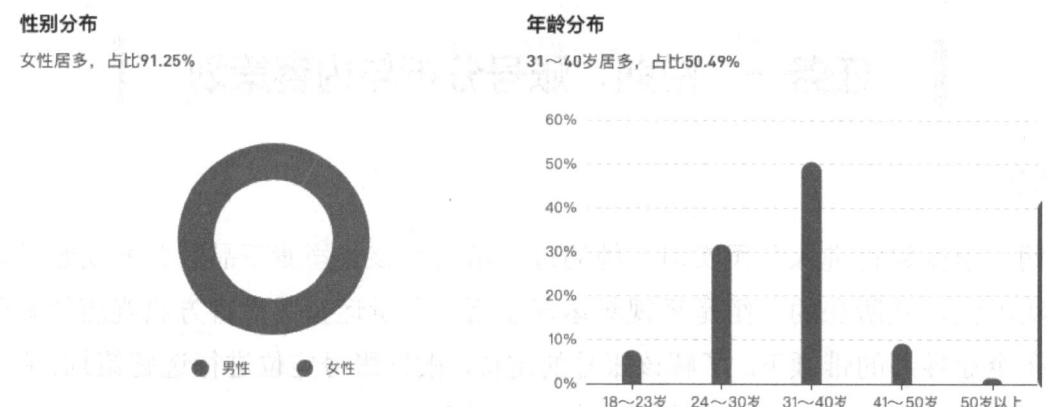

图 3-1-1 茵曼官方旗舰店抖音账号的用户画像——性别和年龄分布

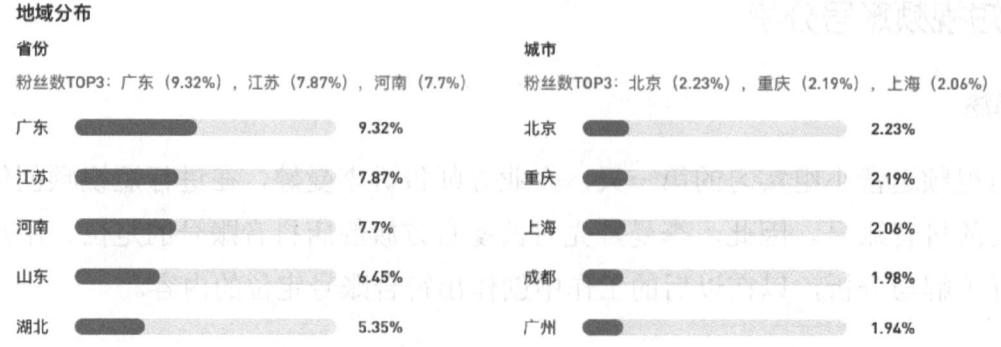

图 3-1-2 茵曼官方旗舰店抖音账号的用户画像——地域分布

项目三 新媒体短视频内容创作

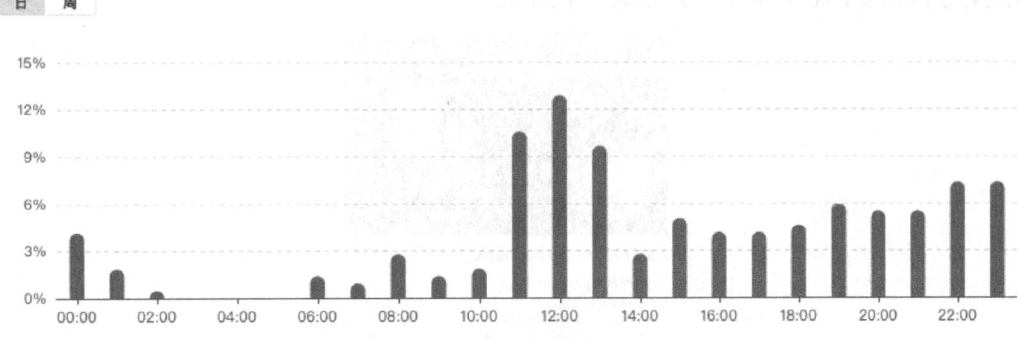

图 3-1-3 茵曼官方旗舰店抖音账号的用户画像——粉丝活跃时间分布

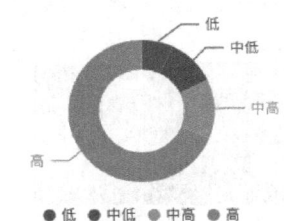

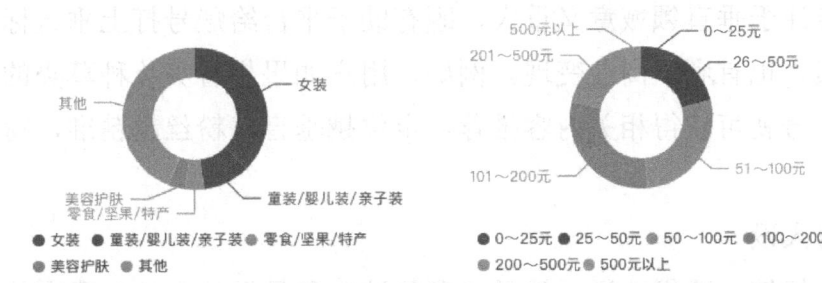

图 3-1-4 茵曼官方旗舰店抖音账号的用户画像——互动和消费特征

通过分析，李曼婷构建了茵曼官方旗舰店抖音账号的用户画像信息，如表 3-1-2 所示。

表 3-1-2 茵曼官方旗舰店抖音账号的用户画像信息

性别：女性居多
年龄：31～40 岁居多
地域：所在的省份以广东、江苏、河南居多，所在的城市以北京、重庆、上海居多
粉丝活跃时间：一天中喜欢在 12:00、11:00、13:00 活跃
用户互动特征：68.77%的粉丝活跃
粉丝消费特征：成交类目以女装居多，消费水平以 101～200 元居多

知识锦囊

一、账号定位

在账号开设之初，企业会对账号的内容进行定位。账号定位的目的就是专注于一个垂直领域进行内容输出。定位越明确,领域越垂直,粉丝就越精准,商业变现也就越轻松。如图 3-1-5 所示为认证的蓝 V 企业号的账号内容。

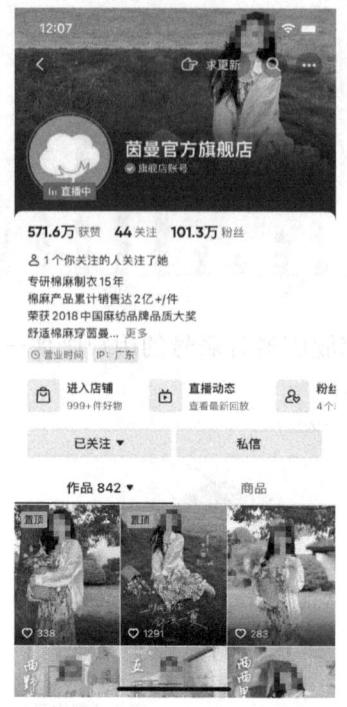

图 3-1-5　认证的蓝 V 企业号

短视频账号专注于垂直领域意义重大,既有助于平台给账号打上垂直标签,有利于内容被精准推荐和搜索,也有利于商业变现。例如,用户如果想看美妆种草类的内容,那么关注美妆种草类视频账号就可获得相关内容推荐。定位越垂直,粉丝越精准,粉丝黏性和粉丝价值就越高。

二、抖音账号人设

人设,即人物标签,通俗地说,就是"我是谁?我是做什么的?我有什么特色?"查看标签是了解一个账号最快捷的方式之一。内容创作者要通过视频内容体现出人设标签,使用户对该账号形成一个稳定的印象。根据人设标签稳定输出内容,有助于打造账号垂直度,提高账号权重,获得更加精准的推荐。

人设包括以下方面。

(1)人物身份,如厨师、美女、帅哥、情侣、音乐人、专家等。

(2)人物性格,如温柔、活泼、搞怪、神经质等。

(3)人物特征,指能够给用户留下印象的特征。例如,颜值高能引起用户关注,自带流量,这是一种特征;长得丑也容易被人记住,这也是特征;奇装异服也是特征;甚至可以通过固化表情、动作创造特征,打造人设。

三、用户画像的概念

用户画像是根据用户的年龄、性别、地域、生活习惯、消费行为等重要信息,通过海量的数据分析,制作出的标签化的用户模型,如图 3-1-6 所示。

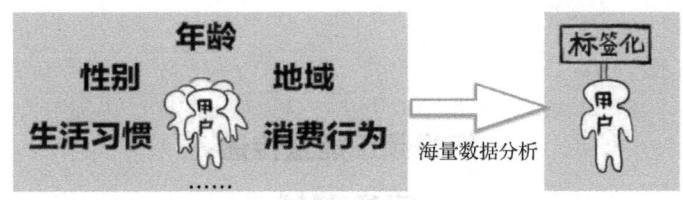

图 3-1-6　制作标签化的用户模型的过程

四、用户画像包含的元素

（1）地域。地域是用户所处的地理位置。相关数据显示，互联网上 70%以上用户的文化教育水平较高，所在地区也较发达。

（2）性别。性别对新媒体运营有一定影响。例如，文案界面的色调，男性偏喜冷而女性偏喜暖；文案语言的风格，男性偏理性而女性偏感性；文案内容，男性偏向军事、科技，而女性偏向家庭、情感等。

（3）收入。对经济实力有限的用户来说，商品的价格比文案更有说服力。

（4）年龄。不同年龄段的用户对内容的关注度不同。例如，"80 后"偏向于刷职场、"90 后"偏向于刷互联网、"00 后"偏向于刷二次元。

（5）受教育程度。通常来说，受教育程度高的用户对内容更挑剔。

（6）行业特征。不同行业的用户偏好不同，要结合所在行业针对用户的关注点筛选出特征。

（7）产品使用行为。用户在一天中的哪个时段打开抖音，在什么情况下会分享、留言、点赞等，都关系到视频的内容创作。

（8）其他。用户画像还涉及用户的兴趣爱好、婚姻家庭、宗教信仰、价值观念等。

五、用户画像获取方式

用户画像的获取方式主要有：观察抖音后台或第三方数据分析平台的数据，发布用户调查问卷，通过品牌广告和营销量反推，线上/线下的互动交流等。在实际工作中，企业经常借助第三方数据分析平台构建用户画像。

【练一练】

李曼婷打算利用课后时间打造一个提供中职生春季高考升学信息的账号，人设为在校中职生师姐。在进行账号运营之前，李曼婷先对竞争对手的抖音账号进行分析，并将账号分析情况填入表 3-1-3。请和她一起完成吧！

表 3-1-3　竞争对手账号分析

竞争对手账号名称		
竞争对手账号点赞数	竞争对手账号粉丝数	
竞争对手账号人设特征		
竞争对手账号的用户画像	性别： 年龄： 地域： 粉丝活跃时间： 用户互动特征： 粉丝消费特征：	

新媒体内容制作

思政园地

短视频正能量传递

活动二 短视频内容策划

活动描述

目前，李曼婷已经掌握了如何创作符合账号定位的内容。企业导师告诉李曼婷，制作短视频需要提前策划短视频内容。因此，李曼婷将继续学习抖音短视频的内容类型和表现形式，学习短视频的内容创作方法，根据茵曼官方旗舰店抖音账号定位选择合适的题材，以在之后的工作中创作出高质量的短视频。

活动实施

第一步：确定短视频内容的类型

李曼婷打开抖音 App，找到茵曼官方旗舰店抖音账号，观看以往发布的视频。茵曼官方旗舰店抖音账号部分内容展示如图 3-1-7 所示。分析该账号中的短视频内容，填写账号内容分析表，如表 3-1-4 所示。

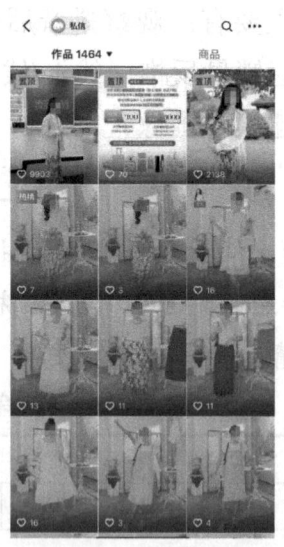

图 3-1-7 茵曼官方旗舰店抖音账号部分内容展示

表 3-1-4 茵曼官方旗舰店抖音账号内容分析表

账号名称	茵曼官方旗舰店
短视频内容的类型	服饰类
短视频内容的表现形式	实拍形式（真人出镜）

第二步：分析短视频选题策划和内容创作方法

李曼婷在企业导师的指导下，学习短视频选题及创作短视频内容的方法。李曼婷在观看茵曼官方旗舰店抖音账号以往短视频内容后总结了该账号短视频的内容等，如表 3-1-5 和图 3-1-8 所示。

表 3-1-5 短视频内容分析表

内容类型	服饰类
内容表现形式	视频内容主要通过实拍，即真人出镜的形式推荐茵曼女装，同时分享服装搭配技巧
选题策划方法	围绕相关领域关键词扩展与细化，如"通勤搭配""知性搭配""衬衫控"等；结合热点进行选题策划，如影视剧热点
内容创作方法	创作垂直化内容，如以分享新品和衣着穿搭为主；坚决输出积极向上的内容

图 3-1-8 茵曼官方旗舰店抖音账号选题展示

知识锦囊

在创作短视频内容之前，创作者要明确短视频的内容定位，保证内容与定位一致，提高账号的辨识度，增加粉丝的黏性。

一、短视频内容的类型

为吸引用户的关注，让短视频成为爆款，短视频内容必须具有独特性。高质量的短视频要符合深度垂直的要求，这就要求创作者选择自己喜欢且擅长的内容类型，坚持创作，从而形成竞争力。短视频内容的类型主要有 17 种，如表 3-1-6 所示。

表 3-1-6 短视频内容的类型

类型	主要内容
母婴育儿类	以介绍育婴的相关知识和技巧为主，包括母婴拍摄、婴儿用品推荐、育儿知识教授等
美妆服饰类	以展示化妆品和穿衣打扮为主，包括推荐各种美妆和服装，并指导用户化妆、护肤和穿衣搭配
种草测评类	以商品的分享和推荐为主，激发用户的购买欲望

续表

类型	主要内容
情感类	以文字展现的情感短文，或真人出演的情感短剧，或以声音呈现的情感故事
美食类	以美食制作、展示和试吃为主，细分类型包括菜谱、美食制作、烹饪技巧、小吃、甜品、西餐、海鲜挑选等
剧情类	以短剧、表演或访谈为主，通过表演吸引用户关注
教育类	以各种知识的教授为主，包括科普、艺术培训、专业技术教育等
生活类	以展示人们的日常生活为主，包括生活探店、生活小技巧、民间活动等
影视娱乐类	以介绍影视剧为主，主要通过视频剪辑展示
宠物类	以宠物为主，包括宠物的日常养护、习性介绍、人宠互动及饲养技巧等
萌娃类	以展示天真可爱的小孩为主，包括小孩的日常生活趣事、与父母的日常互动等
才艺类	以音乐或舞蹈等才艺展示为主，包括唱歌表演、音乐制作、舞蹈表演和舞蹈教学等
旅行类	以旅行见闻和攻略为主，包括风景和人文建筑介绍，以及分享旅行中的故事、旅游注意事项等
运动类	以体育竞技、休闲健身和健康知识为主，包括各种竞技运动、健康知识普及、锻炼方法等
汽车类	以汽车的相关知识和应用为主，包括汽车选购、二手车选购、汽车评测、维修改装、车型展示等
动漫类	以动画和漫画为主，包括动漫介绍、动漫故事等
新闻资讯类	以各种时事新闻播报及评论为主，常见于一些官方媒体

二、短视频内容的表现形式

当今，短视频行业已进入平稳发展期，用户对内容的价值更加关注。为创作出优秀的短视频，创作者需要了解短视频内容的表现形式，然后选择符合自身行业的表现形式。

一般来说，短视频内容的表现形式主要有图文形式、实拍形式、动画形式和创意形式。

1. 图文形式

图文形式的短视频主要由一张或几张图片与说明性文字组成，有时会出现与内容相关的人物。这种内容表现形式简单，易操作，几乎不需要视频拍摄和后期制作。但要想让图文形式的短视频吸引人，文案要有独特性。

图文形式的短视频的缺点在于人们很难在较短时间内快速理解信息，有时为理解信息需要暂停短视频，操作比较麻烦，体验感较差。另外，图文形式的短视频因为没有什么剧情、人物，不需要人设，所以变现能力也不强。

2. 实拍形式

实拍形式的短视频在所有短视频中数量较多。这类短视频具有真实感和代入感，更容易拉近与用户的距离。实拍形式大体上可以分为真人出镜和其他事物出镜两大类。

（1）真人出镜。在运营短视频账号时，真人出镜的效果比纯字幕和图文形式的好，传达的信息形象生动，有利于提升用户对短视频的好感，促进短视频的传播影响力。

真人出镜的短视频形式有脱口秀、搞笑剧情、知识分享、探店、Vlog等，有的短视频为了塑造神秘感，出镜人员选择蒙脸出镜，以激发用户的好奇心，或者易装出镜，用外形与性别的反差给用户留下深刻的印象。

（2）其他事物出镜。其他事物出镜中，萌宠出镜、风景出镜、美食出镜占比居多。

萌宠出镜的短视频一般展现宠物的日常，通过宠物可爱的外表和与人类相似的行为，产生逗趣的效果，再以配音、字幕、演绎等手段为辅助，把用户逗得哈哈大笑，起到娱乐身心的作用。

风景出镜的短视频多为旅游类内容，侧重于展现风景的美丽或壮阔，一般搭配背景音乐，吸引用户关注。

美食出镜的短视频大多数展示制作美食的流程，不仅可以让用户学习美食的制作方法，还可以满足用户的观赏需求。

3. 动画形式

在短视频时代，动画形式受到用户的热烈追捧。在短视频平台上，"动画""定格动画"等话题都有大量的播放量。短视频平台上的动画一般分为两种：三维动画和二维动画。

动画形式的短视频降低了制作成本，通过不断更新的方式让用户与动画角色一起成长，增强了用户对动画角色的亲切感。

4. 创意形式

创意形式指采用创新的艺术表现形式吸引用户眼球，可以快速打动用户。但对需要积累粉丝或新团队来说，运用创意形式存在很大的风险，因此要以稳扎稳打为主、新颖创意为辅，以降低时间成本和试错成本。

三、短视频选题策划方法

选题决定了短视频的点击量和播放量，也直接影响着点赞率和完播率。因此短视频的选题策划非常重要。

短视频选题策划方法有以下4种。

1. 围绕内容领域关键词扩展与细化

创作者可以根据账号的内容领域关键词进行扩展与细化，形成系列选题。该选题策划方法可以帮助创作者细分内容，拓展内容创意的范围，增强用户的黏性。

例如，服装类账号可以选择"服装与穿搭"领域中的关键词进行扩展与细化，如"面试时的穿搭要注意什么""如何时尚穿搭""清洗不同材质的衣服时要注意什么"等。

围绕内容领域关键词进行扩展的有效方法是九宫格创意法，具体做法是将主题写在九宫格中央，把由主题引发的各种想法写在周围的8个框中。例如，在创作旅游类短视频时，可以旅游者为核心，列出核心场景，如同伴、目的地、出行装备、交通工具、游玩攻略、人文、历史、旅游经历等，再围绕这些核心场景延伸出更细分的场景。

同伴：旅游同伴、导游等。

目的地：目的地选择和对比等。

出行装备：行李箱、防晒品、自拍杆、相机、拖鞋等。

交通工具：火车、汽车、飞机等。

游玩攻略：行程安排、自驾游等。

人文：当地风俗、当地特色、文化背景等。

历史：历史事件、名胜古迹等。

旅游经历：住宿、购物、交通等。

2. 结合热点

该选题策划方法可在短时间内获得大量的流量，增加短视频的播放量。

以抖音短视频为例，抖音上的热点分为3类，即事件热点、音乐热点和形式热点。

（1）事件热点。创作者要创作与热点事件相关联的视频时，可将视频内容与热点事件中的某个元素相关联，并在标题文案中带上热点话题，抖音平台识别后会把该短视频与该热点事件相关联，推至该热点事件的流量池。

（2）音乐热点。当某首音乐作品成为爆款后，创作者可以把短视频与热点音乐进行融合，创作音乐热点短视频。

（3）形式热点。形式热点能够填补平台内容的空白，在特定时期内更容易获得流量的倾斜，更容易上热门。

在结合热点进行选题时，可以实时关注网络热点排行榜，如微博热搜榜、抖音热搜榜、百度热搜榜等，也可以关注经第三方数据工具（如飞瓜数据等）筛选和处理的热点。创作者从热点中选取符合自己账号定位的内容进行短视频创作，有助于更好地实现借势营销。

3. 收集目标用户的想法

收集目标用户的想法可以帮助创作者有效利用群体智慧，增强短视频的吸引力。

创作者可以从自己账号的短视频评论或竞争对手账号的短视频评论中寻找有价值的内容。评论是创作者与用户交流的渠道，能够折射出用户的态度，如赞同、反对、质疑等，从中可以搜集短视频的素材。

4. 通过搜索关键词收集有效信息

创作者可以使用各种搜索引擎搜索关键词来帮助自己进行选题策划。常用搜索引擎有百度、微博搜索和微信搜一搜等。然后，创作者可以对收集到的信息进行筛选、整理、分析与总结，并加以利用。

四、短视频内容创作方法

精准定位后，还需要打造出高质量的内容，让用户持续观看和关注。要创作出高质量的内容，需要掌握以下4种创作方法。

1. 创作垂直化内容

短视频行业的发展趋势不再是"野蛮生长"，而是"精耕细作"，用户更愿意观看专业化与垂直化的内容，因此创作者需要具有专业的知识储备，不断积累素材，确立垂直化的内容方向，在该领域持续深耕，为用户提供有深度的信息。

项目三　新媒体短视频内容创作

2. 坚持输出原创和积极向上的内容

随着短视频行业的发展，搬运类的短视频越来越难以获得用户的关注和平台的推荐。此外，当前互联网平台倡导的风向是发布积极向上、充满正能量的内容。因此，在进行内容策划时，需要注意内容导向，原创，提高短视频内容的质量。

3. 注意互动性

短视频平台具备一定的社交属性，在进行短视频内容策划时，要注意和用户之间的互动。因此，可选择一些能产生互动效果的话题，如"生活小妙招""教大家快速消除衣服上的污渍"等。

4. 紧跟社会热门话题

借助热门话题是一种常用的吸引用户关注的方法。将短视频内容与热点相结合能短时获得大量的流量。不过热点只是创作内容的一个切入点，对于低俗、敏感、有不良社会影响的热点，一定不要跟。

【练一练】

李曼婷根据用户群体的特点策划中职生春季高考升学信息账号的短视频内容，先分析竞争对手的短视频特点，并将特点分析情况填入表 3-1-7。请和她一起完成吧！

表 3-1-7　竞争对手的短视频特点分析

竞争对手账号名称	
竞争对手账号短视频内容的类型	
竞争对手账号短视频内容的定位	
竞争对手账号短视频选题策划方法	
竞争对手账号短视频内容创作方法	

思政园地

短视频文化传播

任务二　中期：脚本制作与拍摄

任务情景

在完成账号分析与内容策划后，李曼婷已明确茵曼官方旗舰店抖音账号以"新国潮女装穿搭指南"为核心定位，策划出不同场景的选题。为将创意转化为可执行内容，需根据前期策划的选题，撰写兼具镜头语言与营销卖点的分镜头脚本，明确场景布置、人物动作、台词

75

设计及产品展示细节；同时，统筹人员，完成实景拍摄、模特走位调度、灯光/音效控制等工作，确保画面质感与脚本创意高度契合，为后续视频剪辑提供优质素材。

活动一　短视频脚本制作

活动描述

通过学习短视频账号定位和短视频内容策划，李曼婷已经学会根据账号定位策划短视频内容。企业导师告诉李曼婷，策划完短视频内容后，需要将内容拍摄成短视频，为顺利完成拍摄，需要提前做好准备，根据选题确定脚本类型，完成短视频脚本的制作。因此，李曼婷将了解短视频脚本制作的前期准备内容，以及脚本类型，以编写出优质的短视频脚本，提升短视频的拍摄效率。

活动实施

第一步：提前准备短视频的脚本内容

企业导师告诉李曼婷，为拍出高质量的视频，需要在拍摄前制作脚本，确定拍摄的步骤和内容。

根据短视频的策划内容，完成一个 15 秒的短视频脚本，如表 3-2-1 所示。

表 3-2-1　脚本信息

账号名称	茵曼官方旗舰店
拍摄内容形式定位	服装类
确定拍摄主题	衣着穿搭小技巧
确定拍摄时间	白天
确定拍摄地点	室内
确定拍摄参照物	—

第二步：根据确定的短视频脚本内容，制作分镜头脚本

李曼婷在企业导师的指导下，完成了制作短视频脚本前的准备，根据确定的短视频内容，制作分镜头脚本，如表 3-2-2 所示。

表 3-2-2　分镜头脚本

镜号	景别	人物	画面内容	时长	拍摄方式	台词	音效
1	全景	模特	模特对着镜头展示，讲解身上穿着的蓝色吊带裙	11 秒	平拍	宝宝们，你们一定要尝试一下这个蓝色吊带裙，穿在身上，真的非常衬托肤色。你再从侧面看，非常显身材	《热恋冰淇淋》
2	全景	模特	模特穿着裙子走路、转圈	4 秒	平拍	—	《热恋冰淇淋》

知识锦囊

脚本是短视频的文字化表达,主要用于指导短视频拍摄和后期剪辑,具有统领全局的作用。短视频脚本不一定要文字优美,但一定要重点突出、场景要素齐全。制作优质的短视频脚本可以提高短视频的拍摄效率与拍摄质量。

一、短视频脚本制作的前期准备内容

为了使拍摄更加顺利,减少重复拍摄的次数,需要在拍摄短视频前做好准备。创作者在撰写脚本之前,需要从拍摄主题、故事线索、人物关系、场景选择等方面完成脚本框架的搭建,具体如下。

(1)做好脚本主题的定位。创作者应明确要表现的故事背后的深意是什么,反映什么主题,是美食视频、服装穿搭,还是小剧情等,用什么表现形式。

(2)确定拍摄时间。与拍摄时间相关的工作有两项:一是与拍摄者约定拍摄时间;二是确定拍摄时间后,制定拍摄方案,避免出现拖慢拍摄进度等情况。

(3)确定拍摄地点和拍摄场景。创作者应提前确定室内场景或室外场景,确定棚拍或绿幕抠像。对于剧情类的短视频,创作者要考虑剧情发展,如采用倒叙的方式,先用结果调动用户的情绪,然后展开剧情。

(4)短视频主题的情绪。创作者应确定是悲剧还是喜剧,根据不同的情绪来选择画面是冷色调还是暖色调。

(5)选择背景音乐和音效。背景音乐和音效是短视频创作的重要组成部分,创作者应根据场景选择合适的背景音乐和音效。

二、短视频脚本的类型

短视频脚本可分为拍摄大纲、文学脚本和分镜头脚本 3 类。它们都具有确定故事框架的作用,但不同的脚本类型,在不同的拍摄场景下具有不同的特点。下面讲解这 3 类脚本。

1. 拍摄大纲

拍摄大纲是短视频内容的基本框架,用于提示拍摄要点。拍摄大纲包含 5 个写作要素。

(1)作品选题:明确选题立意和创作方向,从而明确作品的创作目标。

(2)作品视角:明确选题角度和切入点。

(3)作品体裁:体裁不同,创作要求、手法、表现技巧和选材标准也不同。

(4)作品风格:明确作品风格、画面呈现方式和节奏。

(5)作品内容:体现作品主题、视角和场景的衔接转换。

举例如下。

《橘子洲头》拍摄大纲

本次拍摄的主要内容包括橘子洲的地理位置、毛泽东青年艺术雕塑、橘子洲的景观等。

1. 橘子洲的地理位置

拍摄岳麓山、长沙城、湘江、湘江大桥、橘子洲(运镜以摇为主,景别包括全景、远景)。

> 拍摄通向橘子洲的街道、公园小路。
>
> 拍摄橘子园（全景）中的橘子（拍特写，若没有，可以后期加上相关图片）。
>
> 2. 毛泽东青年艺术雕塑
>
> （后期可加上毛泽东青年时期、老年时期的照片）
>
> 拍摄毛泽东青年艺术雕塑（可从不同方向、不同角度拍摄，也可运用推、拉、摇、移运镜技巧）。
>
> 拍摄"指点江山"纪念石（全景）。
>
> 拍摄"橘子洲头"诗词碑（对侧面、正面、背面进行拍摄）。
>
> 拍摄问天台、望江亭。
>
> 3. 橘子洲的景观
>
> 拍摄植物、亭台楼阁、小桥流水（可以有人物在桥上，与水中倒影结合）。
>
> 拍摄沙滩公园、潇湘名人会馆、石栏、垂柳。
>
> 拍摄长沙城夜景、傍晚的大桥、橘子洲的焰火。

2. 文学脚本

文学脚本是将小说或故事改编以后，通过镜头语言呈现的一种形式，提供所有可控的拍摄思路。例如，在进行小说等文学作品的影视化创作时，文学脚本有助于用镜头语言展示内容。许多短视频创作者会使用文学脚本展示短视频的调性，使用分镜头把控节奏。

举例如下。

> **《思念你枣片》文学脚本**
>
> 场景：校园
>
> 两个女孩在学校会面，因为今天是毕业前的最后一天；
>
> 两个女孩身穿学士服，在校园内一起摆拍照片；
>
> 然后，她们回忆大学时两人在一起学习、生活的快乐场景；
>
> 随后，两人分离；
>
> 几年后两人再次相见，并且相拥……
>
> 广告语出现：留下一份回忆，传递一种思念。

3. 分镜头脚本

分镜头脚本不仅是前期拍摄的重要工具，也是后期制作的依据，还可以作为视频长度和经费预算的参考。

分镜头脚本需要以分镜为单位，包括：故事发生的时间、地点；故事中的人物，每个人物的台词、动作及情绪的变化；每个画面的景别控制、拍摄手法等，以此突出特定场景的环境、人物的情绪等。分镜头脚本不仅能让拍摄变得更加高效，还有助于剪辑者明确后期制作的具体内容。

编写分镜头脚本的步骤如下。

（1）将文学脚本加工成一个个有具体形象的、可供拍摄的画面镜头，并按顺序列出镜头的镜号。

（2）确定每个镜头的景别，如远景、近景、中景、全景、特写等。

（3）排列成镜头组，并说明镜头组接的技巧。

（4）用语言描述要表现的画面内容，必要时借助图形或符号表达。

（5）给相应镜头组配上解说词。

（6）给出相应镜头组或段落需要搭配的背景音乐和音效。

下面展示《奖状》短视频的分镜头脚本，如表3-2-3所示。

标题：奖状

简介：孩子拿到了好成绩后对妈妈提出奖励要求。

表 3-2-3 《奖状》短视频的分镜头脚本

场景：室内						
人物：孩子、妈妈						
道具：奖状、证书、奖杯						
镜号	景别	画面内容	时长	拍摄方式	台词	音效
1	全景	孩子背着书包进门，被守在门口的妈妈吓一跳	1秒	正面拍摄，固定镜头	—	惊吓音效+轻快搞笑背景音乐
2	全景	妈妈穿着跆拳道服装，双手抱胸问孩子	3秒	孩子视角，固定镜头	妈妈：这么晚，你还知道回来呀？	轻快搞笑背景音乐
3	中景	孩子毫不畏惧地从书包中掏出奖状	1秒	正面拍摄，固定镜头	孩子：回来晚了点。	轻快搞笑背景音乐
4	特写	孩子把奖状拍到一旁的桌子上	1秒	俯拍，固定镜头	孩子：怎么了？	轻快搞笑背景音乐
5	全景	妈妈兴奋地跑过来拿起奖状，夸赞孩子	3秒	侧面拍摄，孩子视角，摇镜头	妈妈：哎呀，这么多奖状，姑娘，你真棒！	轻快搞笑背景音乐
6	中景	妈妈开心地翻看奖状，同意换衣服的提议，开心地走进厨房	5秒	正面拍摄，孩子视角，固定镜头	孩子：妈妈，我不喜欢你穿这身衣服。 妈妈：马上换！	笑声音效+轻快搞笑背景音乐
7	中景	妈妈端着饮料和水果问孩子	4秒	正面拍摄，固定镜头	妈妈：姑娘，你是先吃点水果呢，还是先喝点饮料？	轻快搞笑背景音乐
8	中景	孩子拿着书包提出要求	2秒	正面拍摄，固定镜头	孩子：妈妈，我想吃点零食。	疑惑音效+轻快搞笑背景音乐
9	中景	妈妈拍桌子拒绝	3秒	正面拍摄，固定镜头	妈妈：这么晚，我去哪儿给你整零食去？	轻快搞笑背景音乐
10	中景	孩子从书包中又拿出了荣誉证书	1秒	正面拍摄，固定镜头	孩子：吃点零食！	轻快搞笑背景音乐

续表

镜号	景别	画面内容	时长	拍摄方式	台词	音效
11	特写	孩子将荣誉证书拍到桌子上	1秒	俯拍，固定镜头	孩子：不行吗？	惊叹音效+轻快搞笑背景音乐
12	中景	妈妈开心地拿起荣誉证书	3秒	正面拍摄，固定镜头	妈妈：哎呀，荣誉证书！零食马上到！	笑声音效+轻快搞笑背景音乐
13	中景	妈妈抱着零食回来给孩子	3秒	正面拍摄，固定镜头	妈妈：姑娘你的零食来了，请慢用。	轻快搞笑背景音乐
14	近景	孩子再次提出要求	2秒	正面拍摄，固定镜头	孩子：妈妈我还想看会儿电视。	笑声音效+轻快搞笑背景音乐
15	近景	妈妈走近孩子	2秒	正面拍摄，孩子视角，固定镜头	妈妈：你不要太过分啊！	轻快搞笑背景音乐
16	近景	孩子又从书包中掏出奖杯放到桌子上	2秒	正面拍摄，固定镜头	孩子：看会儿电视不行吗？	笑声音效+轻快搞笑背景音乐
17	中景	妈妈开心地捂住嘴	2秒	侧面拍摄，固定镜头	妈妈：行！行行行！	轻快搞笑背景音乐

总而言之，短视频脚本原则上就是形式上化繁为简，内容上尽量丰富。首先，要根据短视频的内容而定，比如新闻类的短视频适合用拍摄大纲，不需要剧情的短视频适合用文学脚本，故事性强的短视频适合用分镜头脚本；其次，要针对短视频的特性对脚本进行完善，确保短视频的脚本能为后续的拍摄提供帮助和保证效率。

【练一练】

李曼婷打算通过分析竞争对手的账号定位和视频内容，进一步分析竞争对手账号的视频脚本，同时确定自己账号的视频脚本，并将分析结果填入表3-2-4中。请和她一起完成吧！

表3-2-4 竞争对手的短视频脚本分析

账号	李曼婷的账号	竞争对手账号
账号名称		
账号定位		
拍摄主题		
拍摄场景		
拍摄参照物		
拍摄的背景音乐和音效		
脚本类型		

思政园地

AIGC 来了，我们怎么办？

活动二　短视频拍摄

活动描述

李曼婷已经掌握了短视频脚本的制作方法。企业导师告知李曼婷，接下来可以用手机或摄像机将脚本中设计的镜头都拍摄出来，完成短视频的拍摄工作。因此，李曼婷将学习短视频不同场景的拍摄技巧，并根据脚本完成短视频的拍摄。

活动实施

第一步：做好拍摄前的准备

李曼婷根据确定的拍摄脚本，做好拍摄前的准备，如表 3-2-5 所示。

表 3-2-5　短视频拍摄前的准备内容

准备内容	备注
梳理拍摄脚本	整理已有的短视频脚本
确定场景要求	平拍
确定不同场景的拍摄技巧	全景，拉
预估完成拍摄时间	15 秒

第二步：完成拍摄

做完拍摄前的准备后，李曼婷依据拍摄流程完成短视频拍摄。

知识锦囊

要完成一段完整短视频的拍摄，摄影设备是重中之重。当然，为了拍摄出更好的效果和提高工作效率，辅助工具也是必不可少的。

一、拍摄工具

1. 摄影设备

（1）手机：个人玩家最方便。

手机是常见的拍摄设备，具有轻便、易携带的特点。早期的短视频大多是用手机拍摄的，现在抖音上的许多热门作品依然是用手机拍摄而成的。

优点：轻便，具有美颜、滤镜功能。

缺点：画质水平一般，变焦能力不足，稳定性欠佳。

（2）单反相机：高质量视频的保证。

单反相机是一种中高端摄像设备，拍摄出来的视频画质比手机拍摄的效果好很多。

优点：能够更加精确地取景，具备卓越的手控调节能力，拍摄者可以根据需求调节光圈、快门速度和感光度等。

缺点：变焦能力有限，容易在拍摄过程中出现变焦不流畅的问题。

2. 辅助设备

（1）麦克风：高质量音频不可少。

麦克风是保证声音质量的专业工具。为了保证视频的声音效果，需要使用收声设备。收声不仅需要内置麦克风，还需要外置麦克风。

常用的麦克风为无线麦克风，又称指向性麦克风，如图 3-2-1 所示。

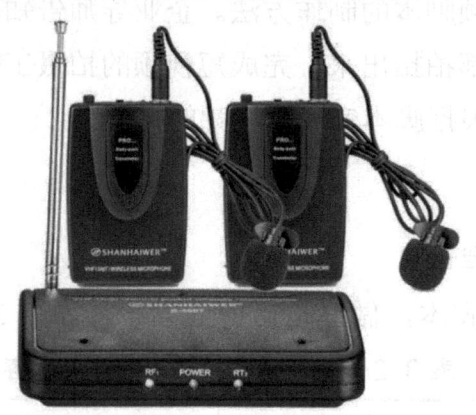

图 3-2-1　麦克风

（2）稳定设备：画面稳定必备。

为了防止画面抖动和提高画面清晰度，拍摄者应使用独脚架、三脚架、手持稳定器等进行辅助拍摄，如图 3-2-2 所示。

图 3-2-2　稳定设备（从左至右依次为独脚架、三脚架、手持稳定器）

（3）灯光设备：好画质必备。

在室内拍摄时，光的亮度与方向十分重要。在室外拍摄时，当光线不满足拍摄要求时，需借助灯光设备对光做"加法"或"减法"。常见的灯光设备有补光灯（见图 3-2-3）、反光板和遮光罩。

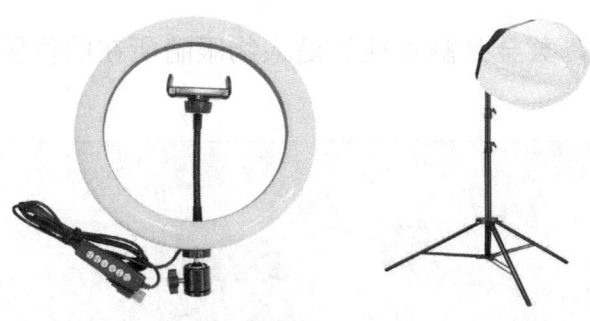

图 3-2-3　补光灯

(4) 航拍设备：视觉震撼冲击必备。

无人机是航拍设备中较常见的一种，如图 3-2-4 所示。如果需要拍摄户外风景或者从宏观的视角展现活动的场面，给观众带来前所未有的视觉冲击，推荐使用无人机。

图 3-2-4　无人机

二、拍摄构图技巧

1. 九宫格构图

九宫格构图是摄影入门基础。打开手机的"设置"→"相机"页面，打开"构图线"或"网格"即可，如图 3-2-5 所示。

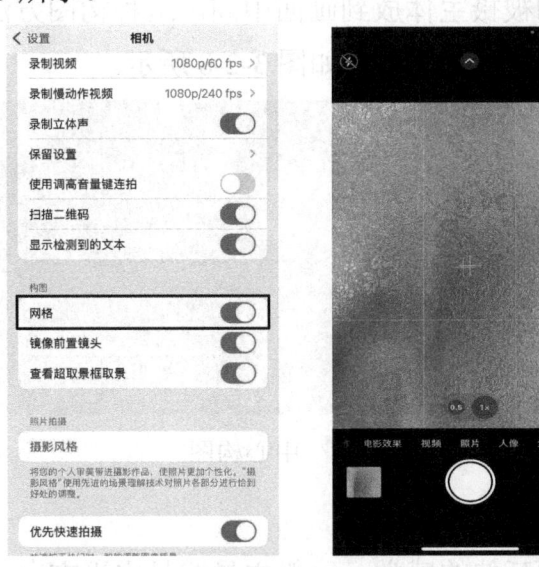

图 3-2-5　设置网格

设置网格后开始拍照，取景框中会出现 4 条交叉线，即黄金分割线；4 条线相交的地方形成 4 个点，即画面的黄金分割点。一般在进行全景拍摄时，黄金分割点是被摄主体所在的位置；在进行人物拍摄时，黄金分割点往往是人物眼睛所在的位置，如图 3-2-6 和图 3-2-7 所示。

图 3-2-6　黄金分割点示意图

图 3-2-7　九宫格构图

2. 中心构图

中心构图是指将画面中的被摄主体放到画面中间。这种构图方法的优势在于被摄主体突出、明确，而且画面容易获得平衡的效果，如图 3-2-8 所示。

图 3-2-8　中心构图

3. 水平线构图

水平线构图能够给人一种延伸的感觉，一般主导线是水平方向。水平线构图比较适合场面开阔的风光拍摄，带来辽阔深远的视觉感受，如拍摄一望无际的平川、层峦叠嶂的远山、辽阔无垠的草原等，如图 3-2-9 所示。

图 3-2-9　水平线构图

4. 对称构图

对称构图是指使画面中的景物以对称轴为中心形成轴对称图形或中心对称图形。对称构图给人以稳定、平衡的视觉感受，适合拍摄景物或建筑物等。

5. 对角线构图

对角线构图是指将被摄主体沿画面的对角线排列，能够表现出很强的动感，给人以饱满的视觉感受，如图 3-2-10 所示。

图 3-2-10　对角线构图

三、视频的拍摄角度

视频的拍摄角度从形式上可以分为平拍、俯拍、仰拍与顶拍。

1. 平拍

平拍时，摄像机镜头与被摄主体同等高度，所拍画面符合人的观察习惯，具有平稳的效果，被摄主体不容易产生变形，比较适合拍摄人物或近景，如图 3-2-11 所示。

图 3-2-11　平拍

2. 俯拍

俯拍时，摄像机镜头高于被摄主体，从高处拍摄，类似于人低头俯视的效果。俯拍可以表现正、侧、顶 3 个面，从而增强被摄主体的立体感，如图 3-2-12 所示。

图 3-2-12　俯拍

3．仰拍

仰拍时，摄像机镜头低于被摄主体，向上拍摄，类似于人向上看的效果，能形成高大雄伟的视觉效果，如图 3-2-13 所示。

图 3-2-13　仰拍

4．顶拍

顶拍时，摄像机镜头位于被摄主体的上方，以几乎垂直的角度向下拍摄。顶拍改变了人们通常观察事物的视角，画面效果十分特别，能给人带来强烈的视觉冲击。

四、拍摄画面的景别

拍摄画面的景别分为远景、近景、中景、全景、特写。

1．远景

远景视野开阔，适合表现地理地貌、自然风光等开阔宏伟的场景，如图 3-2-14 所示。

图 3-2-14　远景

2. 近景

近景画面应简洁。如果是近景人物，一般只将一个人作为画面主体，适合表现人物面部的神态，如图 3-2-15 所示。

图 3-2-15　近景（此为用人工智能工具生成的图片）

3. 中景

中景主要用于表现人与人、人与物、物与物之间的关系。在人物拍摄中通常取膝盖以上的部分，着重表现人物的动作、姿态、手势等，如图 3-2-16 所示。

图 3-2-16　中景

4. 全景

全景主要用于表现场景的全貌或人物的全身，如图 3-2-17 所示。

图 3-2-17　全景

5. 特写

特写是指使被摄主体充满画面，用于重点表现人或物的局部，通过局部放大来揭示细节。

五、拍摄的运镜技巧

运镜是指镜头的运动，让观众的视线突破画框的限制。比较常用的运镜技巧有推、拉、摇、移、跟等。

1. 推

推是一种常见的运镜技巧。在拍摄时，镜头缓慢向前移动，不断地靠近被摄主体，被摄主体在画面中的比例逐渐变大。这种运镜技巧能够起到聚焦、突出被摄主体的作用。对于没有被摄主体的场景，推镜头会让人更有代入感，如图 3-2-18 所示。

图 3-2-18　推的运镜技巧

2. 拉

拉与推的运镜技巧刚好相反。在拍摄的过程中，镜头逐渐向后拉远，不断地远离被摄主体，视觉效果也与推相反，如图 3-2-19 所示。

图 3-2-19　拉的运镜技巧

3. 摇

摇的运镜技巧指摄像机机位不动，借助三脚架上的活动底盘（云台）或由拍摄者手动转动摄像机镜头轴线进行拍摄。

摇镜头可以用于跟踪人物的运动轨迹，展示某些信息。缓慢地摇镜头会使观众对后面的画面有所期待，快速地摇镜头会增强镜头的动感。

4. 移

移的运镜技巧指将摄像机架在活动的物体上（随之运动）而进行的拍摄。拍摄移镜头时要注意移动的轨迹以直线为主，不要无规则地移动。

5. 跟

跟的运镜技巧指摄像机始终跟随被摄主体进行的拍摄。

六、短视频的拍摄流程

1. 熟悉拍摄脚本

只有熟悉拍摄脚本，才能选择合适的拍摄环境、拍摄时间。对于重点表现商品的视频，可以根据商品的大小和材质来选择拍摄器材及布光方式等。

2. 道具、演员与场景的准备

按照拍摄脚本准备道具、选择演员、布置场景等，为正式拍摄做好前期准备工作。

3. 视频拍摄

一切准备就绪后，便可进行视频拍摄了。

【练一练】

李曼婷在确定了自己账号的视频脚本后，现要根据脚本拍摄视频，具体准备内容如表3-2-6所示。请你也试一下吧！

表 3-2-6　短视频拍摄前的准备内容

准备内容	备注
梳理拍摄脚本	
确定场景要求	
确定不同场景的拍摄技巧	
预估完成拍摄时间	

短视频拍摄与美感培养

任务三　后期：剪辑

 **任务情景**

李曼婷与团队完成脚本拍摄后，积累了大量素材，接下来需通过专业剪辑软件将零散片段转化为完整短视频。视频剪辑不仅要注重画面流畅度与节奏感，还要结合抖音平台用户观看习惯，运用特效、字幕、音乐等元素强化视觉冲击力与情感共鸣。李曼婷需根据账号定位，在剪辑中突出茵曼女装的设计亮点、面料质感与穿着效果，同时通过合理的转场与节奏把控，提升视频完播率与互动率，最终输出符合品牌调性、能有效吸引目标用户的成品短视频，为茵曼官方旗舰店抖音账号引流转化奠定基础。

活动　短视频后期剪辑

 **活动描述**

李曼婷已经掌握了短视频拍摄方法。企业导师告诉李曼婷，短视频的拍摄工作完成后还需要进行剪辑。拍摄的最终目标并非拍好"镜头"，而是为故事的叙述服务。因此，李曼婷接下来将学习短视频的后期剪辑，并自主完成一部短视频成品。

活动实施

第一步：做好剪辑视频前的准备

李曼婷根据拍摄素材，做好短视频剪辑前的准备，如表 3-3-1 所示。

表 3-3-1　短视频剪辑前的准备内容

准备内容	备注
梳理拍摄素材	整理已有的短视频素材
甄选合适的镜头	通过分析脚本甄选镜头
分割与拼接短视频	—
添加背景、转场、字幕和背景音乐	—

第二步：完成后期剪辑

做完短视频剪辑前的准备后，李曼婷依据流程完成短视频剪辑。

知识锦囊

一、短视频后期剪辑的一般流程

短视频剪辑流程一般分为 4 个步骤，分别是整理原始素材，剪辑素材，添加声音、字幕与特效，导出短视频。

1. 整理原始素材

整理原始素材包括熟悉素材、整理思路和镜头分类。

（1）熟悉素材。剪辑人员拿到前期拍摄好的素材后，需要将所有素材浏览一至两遍，熟悉素材的内容，剔除拍摄效果不佳的素材。

（2）整理思路。在熟悉完素材后，剪辑人员需要将素材与主题结合，整理出清晰的剪辑思路，也就是整个视频的剪辑框架。

（3）镜头分类。有了剪辑思路后，剪辑人员需对素材进行筛选、分类，最好将不同场景的素材分类整理到不同文件夹。分类主要是为了方便后面的剪辑和素材管理。

2. 剪辑素材

将素材分类整理完之后，剪辑人员首先需要在剪辑软件中，按照分好类的场景进行分割与拼接，然后挑选合适的镜头，将每场戏的分镜头流畅地剪辑出来。

3. 添加声音、字幕与特效

短视频的声音部分主要包括配乐与音效。配乐是短视频风格的重要影响因素，对短视频的氛围和节奏也有很大影响，因此选择一段合适的配乐对短视频至关重要；而音效则可以使短视频在声音方面更有层次。

在大部分类型的短视频中，字幕也十分重要，是观众了解短视频信息的重要渠道。所以清晰、准确的字幕与观众的观感息息相关，在制作字幕时，一定要保证字幕够大、够清楚，且尽量保持在固定位置。

特效是营造短视频氛围的关键要素。例如，在变装类视频中，主播变装后的闪光特效能让视觉效果更佳。有时还可为字幕添加适当的特效。

在声音、字幕与特效都添加完毕后，对画面与声音进行检查是必不可少的。首先，剪辑人员需要查看视频中的画面和声音是否搭配得当，检查字幕中是否有错别字，字幕是否挡住了关键信息或演员的脸等。在声音方面，则应当将视频声音调到正常大小，对于有配音的视频，剪辑人员还需要留意配音与演员的口型要对上等。

4. 导出短视频

在完成对短视频的剪辑后，即可按照平台的要求导出短视频。平台的要求主要包括格式、画面比例、分辨率等。如果需要将短视频上传至平台，那么视频格式最好是 MP4 或平台要求的格式；短视频的最佳画面比例是 9∶16，符合观众竖屏观看的习惯；短视频的分辨率最好为 1280 像素×720 像素或高于此标准。

二、剪映 App 的使用方法

不同平台对短视频的要求不尽相同。剪辑人员应掌握不同主流平台对短视频的规定，从而导出符合各平台要求的高质量的短视频。剪映是由抖音官方推出的一款视频剪辑工具，常用于抖音视频剪辑。

下面介绍一下剪映 App 的各项功能。打开剪映 App，可以看到界面分为上、中、下 3 个区域，如图 3-3-1 所示。界面的上方包括"一键成片""图文成片""拍摄"等功能。界面的中间有一个"开始创作"按钮。界面的下方有 5 个选项，分别是"剪辑""剪同款""创作课堂""消息"和"我的"。

1. 添加素材

打开剪映 App 后，点击"剪辑"选项，再点击界面中间的"开始创作"按钮，进入素材选取页面。找到保存在手机本地的视频素材，选中想要进行剪辑的视频素材，点击"添加"按钮，进入视频编辑页面，在页面上方可以看到视频素材的预览页面，在素材下方可以看到素材的时长等。

视频编辑页面的中下方是视频的时间轴，白线表示当前编辑位置，在白线上方可以看到很多时间节点。可通过拖动时间轴实现时间节点的选取，如图 3-3-2 所示。

2. 视频分割与拼接

当拍摄的视频时间过长，或者视频中有一部分内容无法使用时，需要用到视频分割功能。点击"剪辑"选项，页面底部会出现许多功能按钮，如"分割""变速""音量""动画""删除"等。

现把如图 3-3-3 所示的视频里的第 7 秒到第 11 秒剪掉。将白线对准第 7 秒的位置，点击"分割"选项，在白线的位置多出了一条缝隙，代表已经把这条视频切割成了两段，再将白线对准第 11 秒的位置，点击"分割"选项，在白线的位置也多出了一条缝隙。至此，已经把这条视频切割成了 3 段。选中第 7 秒到第 11 秒这段视频，点击"删除"选项，即可得到修剪好的视频。同理，可以对导入的其他视频进行修剪。修剪完成后点击右上角的"导出"按钮，即可将剩下的视频片段自动拼接成一条完整的视频。

图 3-3-1　剪映 App 主界面

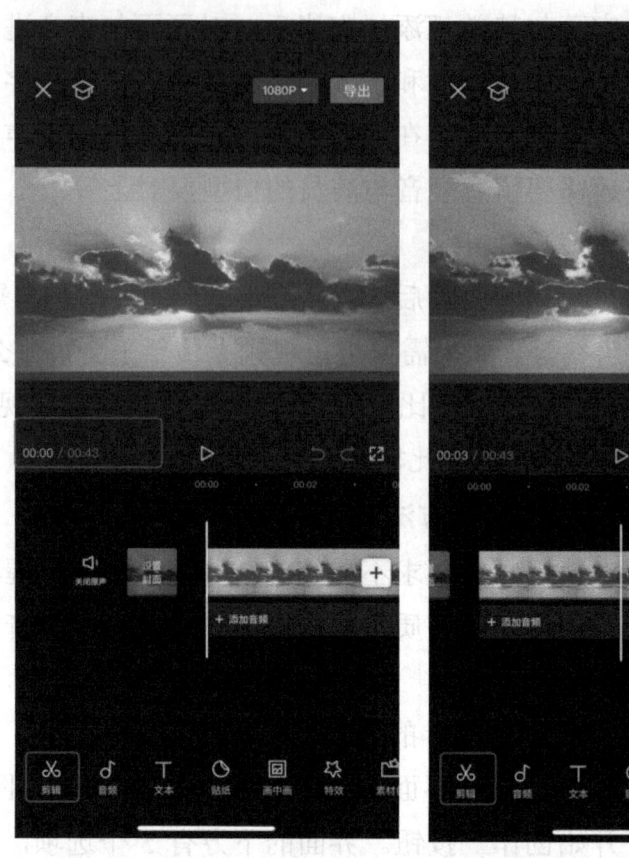

图 3-3-2　视频剪辑时间轴

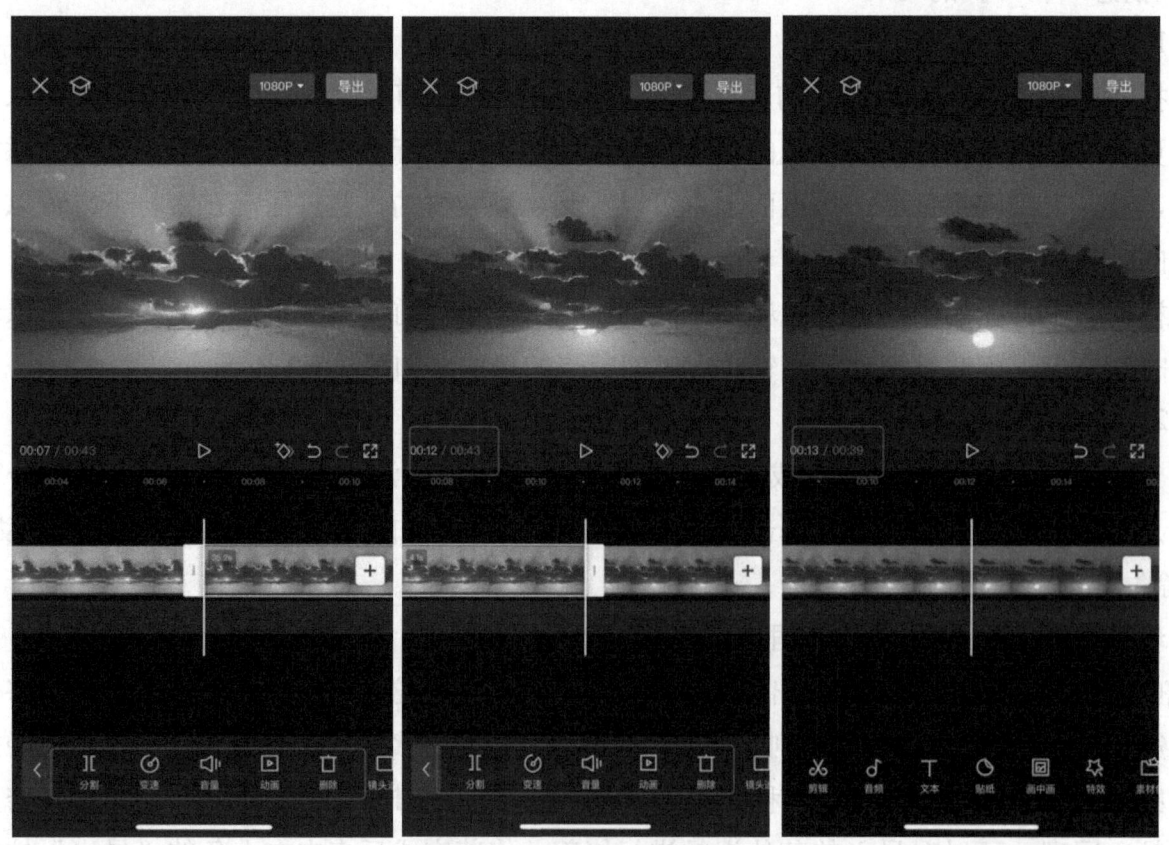

图 3-3-3　视频分割与拼接

3. 添加背景

短视频制作中经常会遇到这样的情况：前期拍摄的视频素材是横版的，如 16∶9 的比例，如果将其直接上传到抖音平台上，就会出现很宽的黑边。这时可以给视频添加背景，在背景上添加标题或字幕，以便给用户带来更好的观看体验。添加背景的步骤如下。

（1）打开剪映 App，导入一个横版的视频素材。改变视频的尺寸，让画面布满屏幕。

（2）点击下方的"比例"选项，可看到有原始、9∶16、16∶9、1∶1、4∶3 等 10 个可选项。可选择 9∶16，这是抖音平台推荐的视频的比例。选择后发现画面的上下部分自动填充了黑色。

（3）点击下方的"背景"选项，出现"画布颜色""画布样式""面布模糊"3 个选项，点击"画布颜色"选项，可以在系统给出的几十种颜色中选择合适的，这时会发现视频原本的上下黑边被填充成了选择的颜色。如果对颜色不满意，那么可以继续选择其他颜色，直到效果满意为止。

（4）如果觉得纯色背景太单调，那么可以点击"画布样式"选项，上传一张自己挑选的图片作为画布背景。也可直接选择系统提供的画布样式，点击"√"按钮就能看到画布效果。此外，还可利用"画布模糊"功能进行背景填充。模糊一共有 4 个等级，系统会根据视频的播放内容实时进行动态模糊，选择好之后，点击"√"按钮即可完成模糊背景添加，如图 3-3-4 所示。

图 3-3-4　添加背景

新媒体内容制作

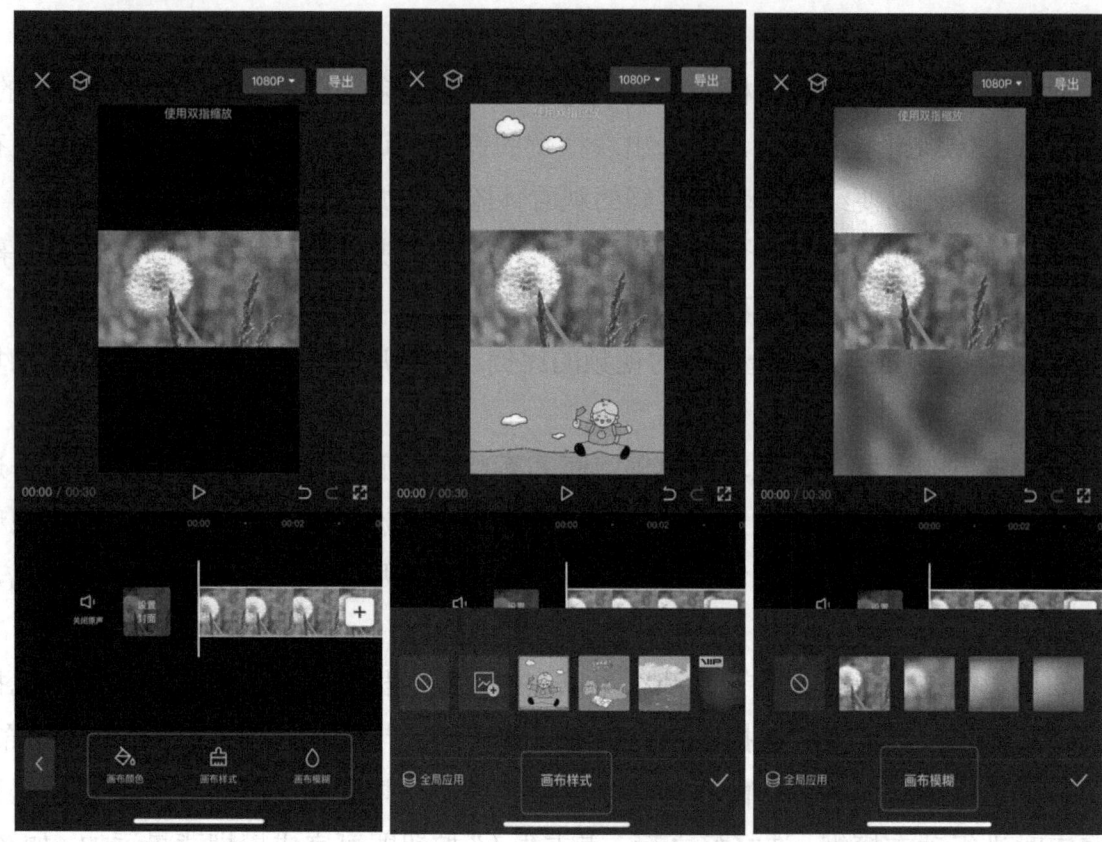

图 3-3-4　添加背景（续）

4. 添加转场

在两段视频之间添加转场，可利用剪辑软件中的添加转场功能。导入的两段视频之间有一个白色的衔接按钮，点击后会弹出各种转场特效选项，如"叠化""运镜""模糊"等。点击不同的转场特效选项后，能从上方的预览窗口看到转场的效果。然后，可根据自己的需要设置转场特效的时长，点击右下角的"√"按钮即可完成转场的添加，如图 3-3-5 所示。

5. 添加字幕

利用添加字幕功能，可以让观众更加清楚地了解视频内容；可以丰富画面信息，让画面更完整；可以作为辅助信息，让不方便听声音的用户了解视频内容。

打开剪映 App，导入需要添加字幕的视频。点击下方的"文本"选项，出现"新建文本""文字模板""识别字幕""识别歌词""添加贴纸"等选项。点击"新建文本"选项后又会出现很多选项。根据需求选择相应的样式，在视频中合适的位置输入需要显示的文字，如"会当凌绝顶，一览众山小"，然后选择喜欢的字体，在上方的预览窗口中查看效果，如图 3-3-6 所示。点击左上角的"×"按钮可以删除该字幕，按住字幕拖动可以将字幕拖到自己觉得合适的地方。

可按住文本框右下角的圆点，通过拖拉的方式对文字进行放大或缩小。编辑完字幕后点击"√"按钮即可进入视频编辑页面，时间轴的下方会出现橙色的字幕条。可以通过点击字幕两端的调整按钮对字幕出现的时间、时长进行调整，如图 3-3-7 所示。此外，还可以使用识别字幕功能自动生成字幕。

项目三 新媒体短视频内容创作

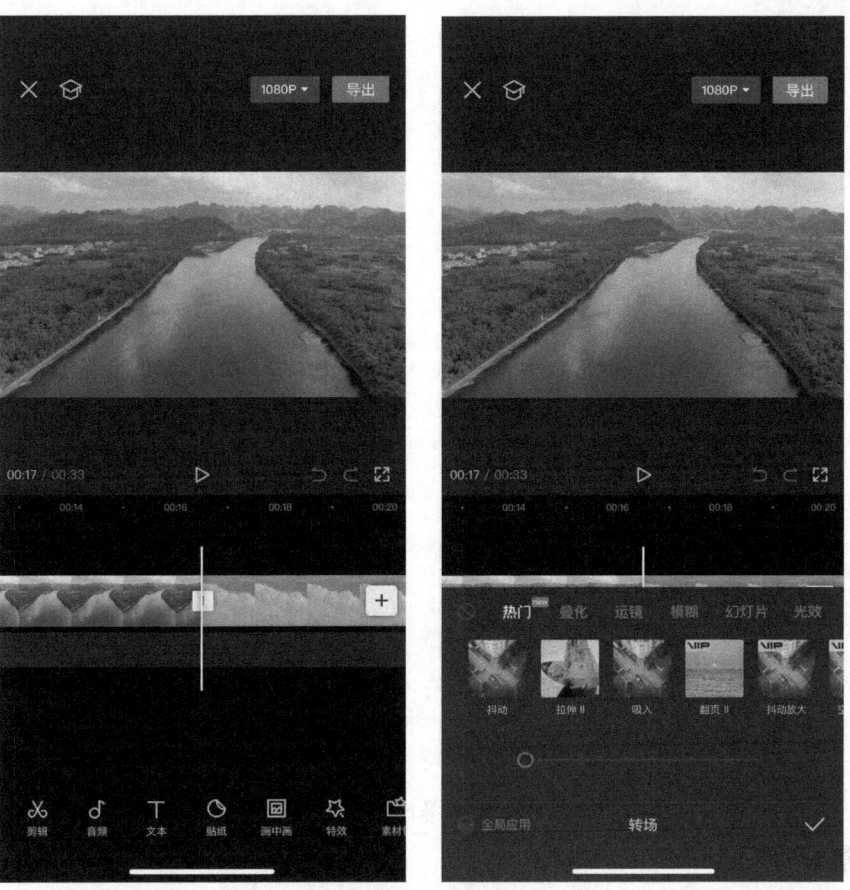

图 3-3-5 添加转场

图 3-3-6 添加字幕

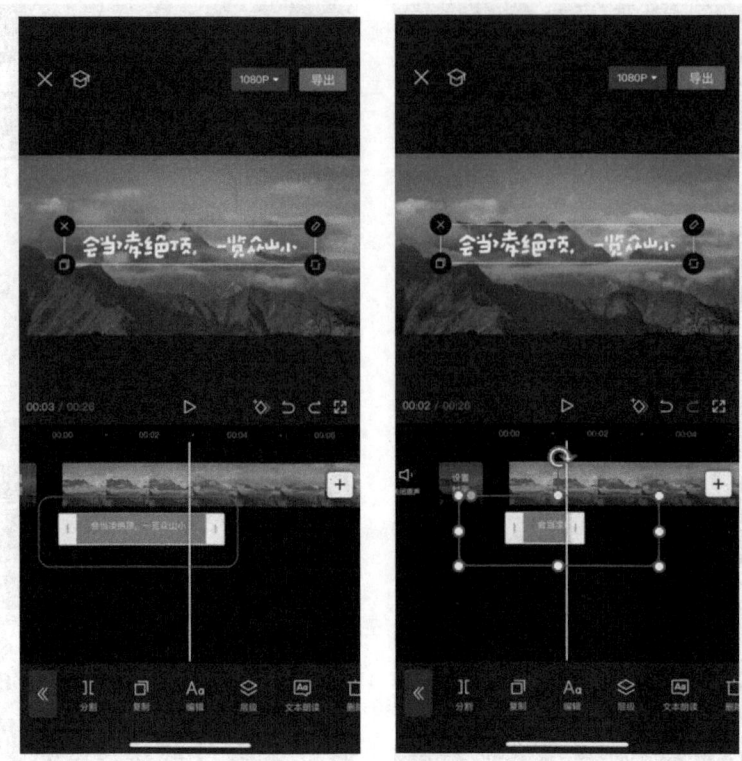

图 3-3-7 调整字幕出现的时间、时长

6. 添加背景音乐

打开剪映 App，导入需要添加背景音乐的视频。点击"音频"选项，出现"音乐""音效""提取音乐""抖音收藏""录音"等选项。点击"音乐"选项，进入抖音的音乐库，点击音乐列表中的任意一首即可在线试听，试听完后点击右侧的"使用"按钮，就会将音乐直接添加到视频中。进入视频编辑页面，音乐也会出现在时间轴上，选中音乐即可进行音量调整等操作，如图 3-3-8 所示。如果不想保留视频的原声，则点击时间轴左侧的"关闭原声"按钮即可。

图 3-3-8 添加背景音乐

【练一练】

李曼婷已根据脚本完成视频素材的拍摄,现要整理拍摄的素材并进行后期剪辑,具体准备内容如表3-3-2所示。请你也试一下吧!

表 3-3-2 短视频后期剪辑准备内容

准备内容	备注
梳理拍摄素材	
甄选合适的镜头	
分割与拼接视频	
添加背景、转场、字幕和背景音乐	

思政园地

"人生小满,广告不满"短视频抄袭事件

项目四
新媒体直播内容创作

 项目导入

直播电商，进击元宇宙

2022年"双11"期间，淘宝上线了元宇宙虚拟空间"未来城"。这是一条元宇宙商业街，主要功能以社交互动与直播引流购物为主。

2023年1月，淘宝推出了国内首场元宇宙直播——元宇宙年货节。这场活动的地点就设置在"未来城"虚拟空间，官方打造了一整条"年货大街"，按地区展示年货。用户则以自己"淘宝人生"的虚拟形象在这座"未来城"中进行活动，既可以沉浸式逛街购物，也可以娱乐探险、参与抽奖活动，甚至可以与其他用户聊天互动。

在这个元宇宙虚拟空间里，官方会在屏幕下方弹窗，引导用户前往各大品牌的虚拟店铺。当用户靠近品牌的虚拟店铺时，会自动播放该品牌直播间的实时介绍。

在品牌的虚拟店铺里，用户可以通过虚拟展台上的屏幕实时观看直播，也可以点击虚拟直播屏幕跳转至平时的淘宝直播画面观看。

与此同时，部分品牌还会在虚拟店铺内陈列四到五款商品，用户点击商品可跳转至平时的下单页面购买。

思考：
1. 目前元宇宙直播在技术发展上还存在哪些问题？
2. 品牌方如何借用元宇宙直播进行品牌营销？
3. 你认为元宇宙直播吸引用户观看和参与的最重要因素是什么？

学习目标

【知识目标】
- 熟悉直播选品方法；
- 了解直播脚本要素与单品直播脚本五步法的内容；
- 了解直播预热渠道及物料；
- 了解直播所需设备与道具。

【技能目标】
- 能够根据产品信息分析产品卖点，制作单品直播脚本；
- 能够选择合适的直播渠道进行预热并制作物料；
- 能够根据实际需求搭建直播场景、准备直播设备与道具；
- 能够顺利开启直播，结合数据指标进行直播带货。

【素养目标】
- 培养学生心系家乡、发展家乡的乡土情怀，培养学生对中华优秀传统文化的认同感；
- 培养学生的法律意识，遵守法律法规及平台规则，不虚假宣传；
- 培养学生的团队合作意识。

思维导图

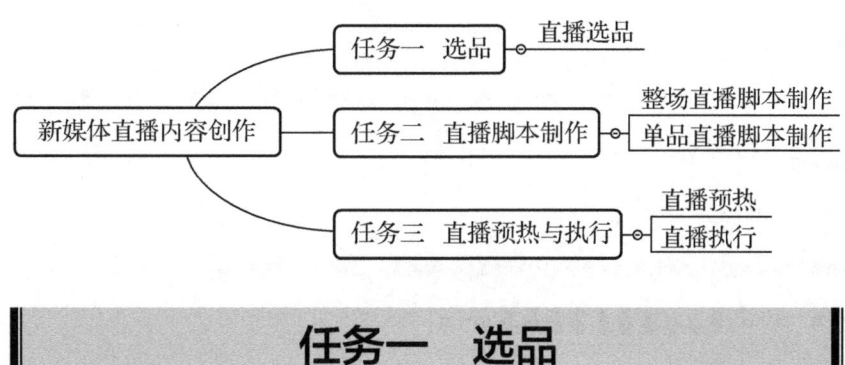

任务一 选品

任务情景

新疆大枣、东北盘锦大米、江西赣南脐橙……中国广袤的大地孕育出无数丰富的物产，但仍有许多优质产品"养在深闺人未识"，面临着销售不畅的问题，而"我为家乡代言"团队正是在这样的背景下组建的，他们为了响应国家振兴乡村的号召，通过公益助农直播宣传各地优质特产，以特产为载体，以文化为核心，展示各地新农村、新城市风貌，传播优秀的传统文化，助力国货品牌的推广，赋能地方经济的发展。

"我为家乡代言"团队报名参加广东省互联网营销直播技能大赛。本次比赛的场外直播赛要求团队从比赛方提供的广东各地特产中进行选品，通过直播推广广东特产，传播家乡文化。

接下来该团队将来到广东，品尝广东美食，体验广府文化，开展一场以广东特产为主题的直播，将广东特产推荐给大家。

活动　直播选品

活动描述

直播选品是影响直播效果的重要因素，既要符合直播间的定位，也要满足目标用户需求，还要避免出现质量问题。

活动实施

第一步：数据化选品

直播间选品一般分为两类，一类是卖自有品牌的商品，另一类是通过招商销售其他公司的商品。目前团队需要从比赛方提供的大量商品中选择适合的商品在直播间销售。

1. 分析账号的用户画像

选品要符合直播间的账号定位，确定直播间的目标人群。要根据目标人群的年龄、性别、地域、兴趣爱好等方面有针对性地选品。

如果用新账号开展直播带货，可以选择同一类型的账号作为对标账号，分析对标账号的用户群体特征。可通过第三方数据分析工具找到5～8个账号，搜索关键词。不要找头部的，找相对靠前的就可以。如图 4-1-1 所示为销售"土特产"的某账号在蝉妈妈数据平台上的直播观众粉丝画像。

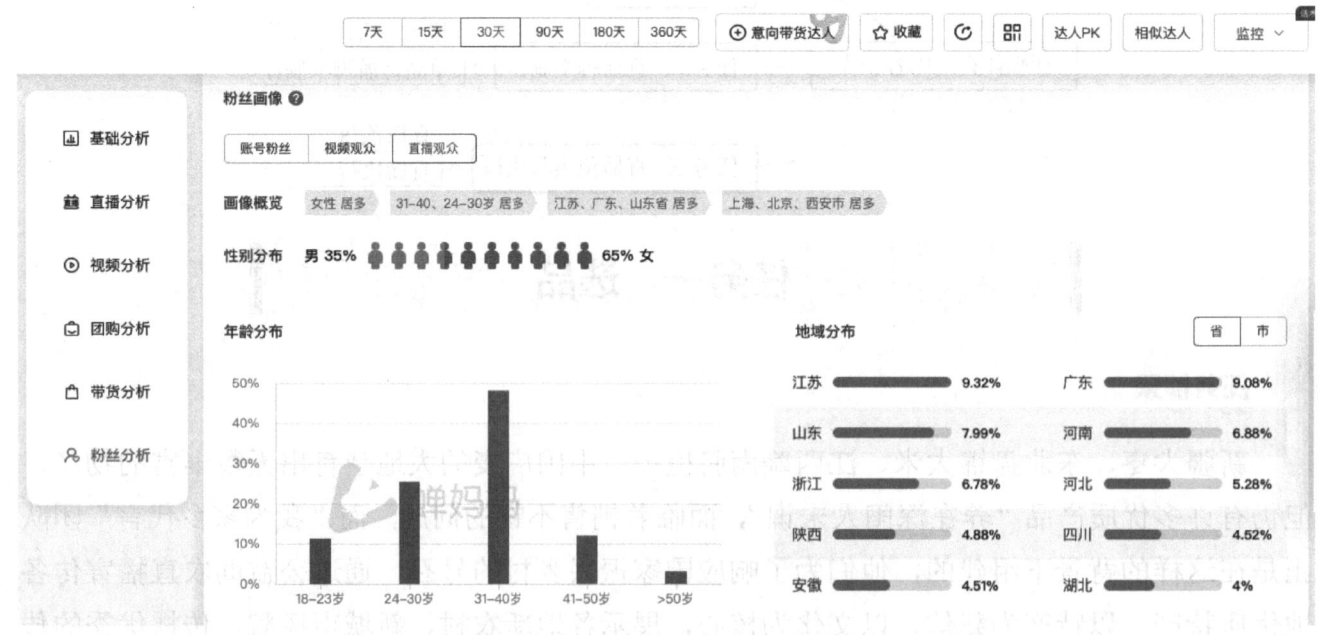

图 4-1-1　直播观众粉丝画像

2. 分析用户需求

选品时要考虑用户的兴趣和需求。例如，卖毛衣时要考虑喜欢毛衣的用户还会喜欢什么，如果还会在别的直播间购买棉袜，那么就可以将棉袜作为引流款或福利款吸引用户。团队可以根据用户互动情况（如评论、直播互动等）了解用户需求。

团队也可以通过第三方数据分析工具分析直播观众的购买意向。如图 4-1-2 所示，可以看到零食/坚果/特产、水果及水果制品为直播观众主要购买的商品。

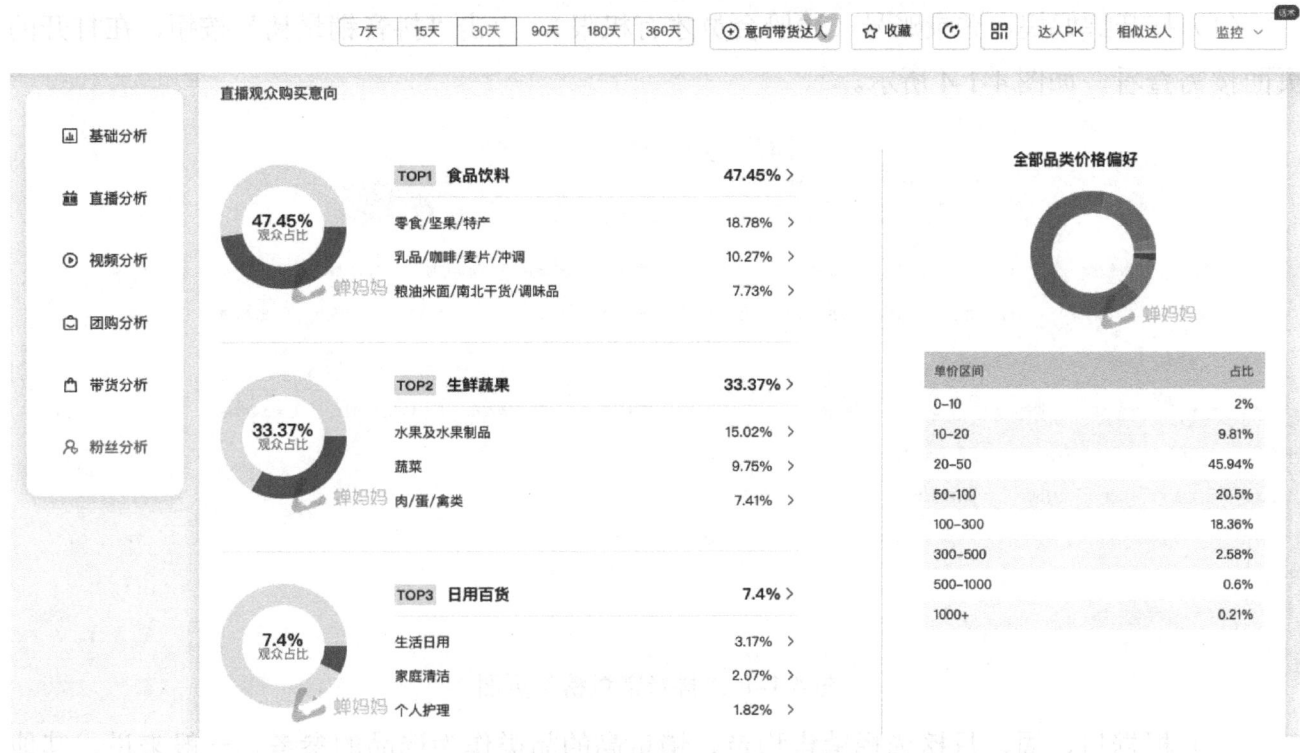

图 4-1-2　直播观众购买意向

用户的价格偏好也影响选品决策。如图 4-1-3 所示，可以看到购买零食/坚果/特产的直播观众中有 49.27%选择 20～50 元的单价区间，那么在选品时就应该以这个价格区间的商品为主。

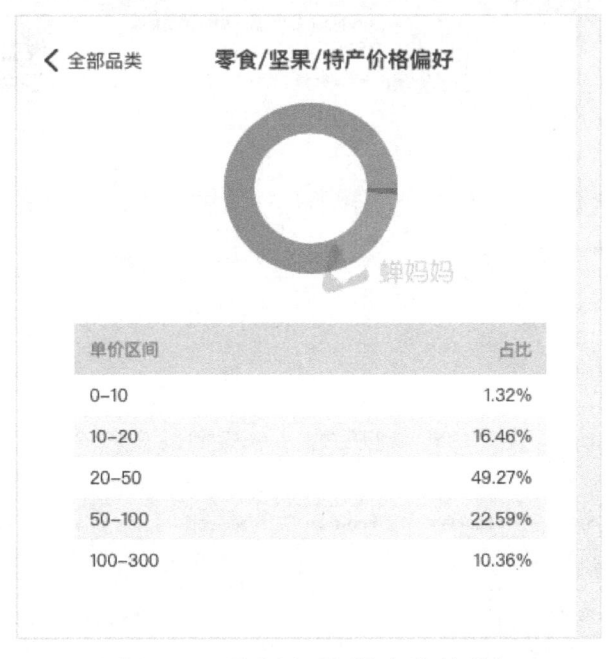

图 4-1-3　零食/坚果/特产价格偏好

3. 查看直播销售数据，选择直播商品

团队可以通过数据分析选出受用户喜欢的商品。例如，通过蝉妈妈、抖查查、飞瓜等数据平台查看往期商品的数据，如直播间销量是在讲解哪个商品的时候突然上升的，直播间销量最好的是哪个商品，哪类人群的购买力最强等。

（1）打开蝉妈妈，登录账号（注册会员才有权限），点击"抖音销量榜"按钮，在打开的页面按需查看，如图 4-1-4 所示。

图 4-1-4 "抖音销量榜"页面

（2）根据日、周、月榜选择销售稳定、销量高的品类作为选品的参考。一般来说，其他直播间卖得好的商品品质应该不会差，可以将这类商品作为引流款，如图 4-1-5 所示。

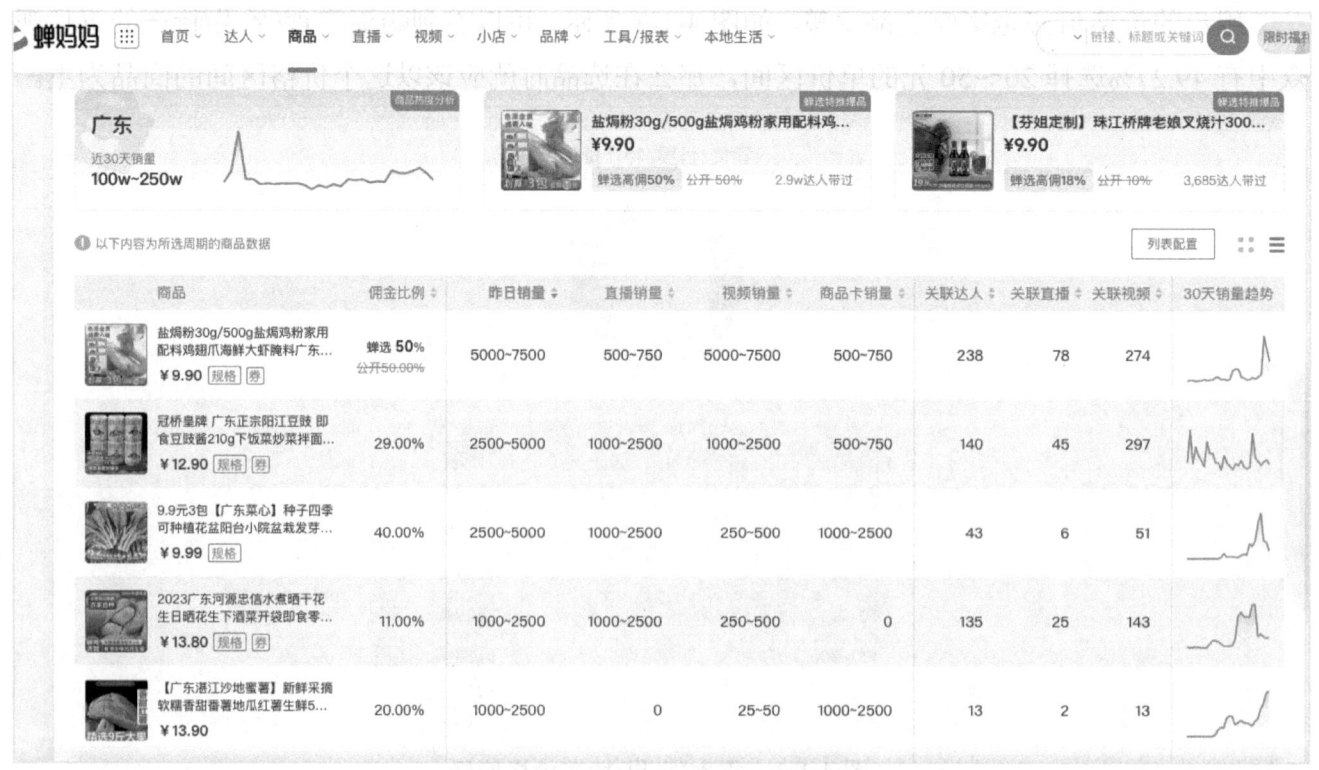

图 4-1-5 广东特产分析结果

（3）点击商品，查看商品销售数据和相关曲线图，如图 4-1-6 所示。

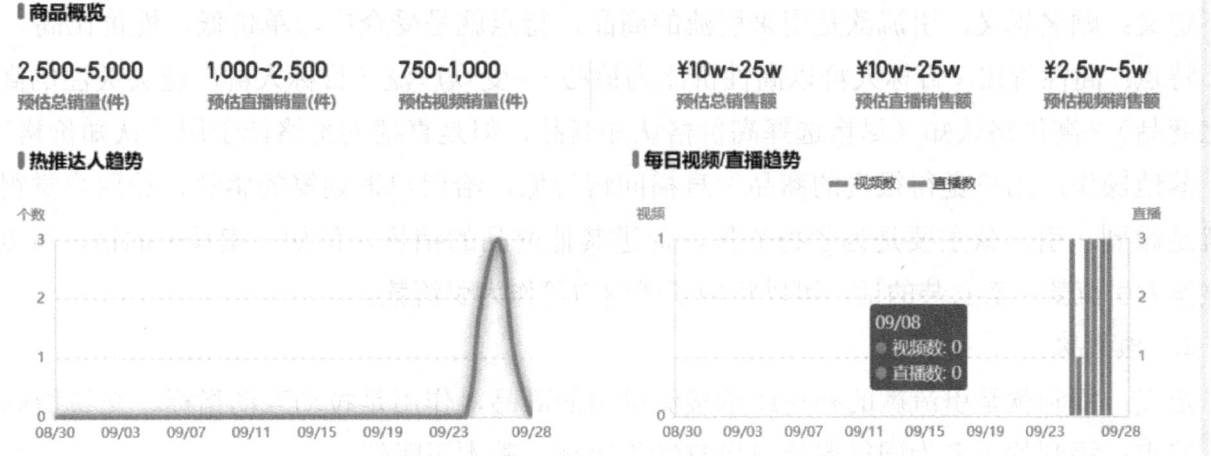

图 4-1-6　商品概况

第二步：商品测试

选品时还要从商品的品相、是否利于展示、商品质量等方面考虑。团队在选品时一定要对商品进行测试，并做好充分的商品及品牌调查。

直播带货是具有情景感、沉浸感的互动式带货。人大多是视觉动物，品相好的商品能激发用户的购买欲望。

商品质量不过关是造成直播"翻车"的一大因素。团队在选品时一定要严把质量关。根据法律规定，主播带货需要亲身试验产品效果，若消费者购买了虚假宣传产品或伪劣产品，主播需依法承担连带责任。

此外，选品时需要仔细检查平台禁售目录，如医疗类、高仿类商品等都不可选择。

第三步：直播排品

通过以上两个步骤，团队完成了选品，并根据三品组合法选择了 3 款广东特产进行直播销售，制作了直播排品表，如表 4-1-1 所示。

表 4-1-1　直播排品表

链接	商品名称	商品类目	规格	成本价/元	日常价/元	直播价/元	产品定位
1	谭氏从化荔枝蜜	食品	250g/瓶	26.8	39	29	福利款
2	英德麻竹笋笋片礼盒装	零食	60g×12 包/礼盒箱装	24	38	29.9	引流款
3	化州橘红	农产品干货	100g/罐	55	98	79	利润款

知识锦囊

一、直播商品分类

直播间常见的商品有引流款、福利款、利润款等。

1. 引流款

定义：顾名思义，引流款是用来引流的商品，特点就是受众广、单价低、性价比高。

特点：高性价比（目标人群以高性价比为核心）+受众广泛（目标人群广泛会关注的高性价比商品）+高价格认知（尽量选择高价格认知商品，但是直播间价格低于用户认知价格）。

落地操作：用户觉得很贵的商品，直播间售价低，给用户很划算的感觉，让用户觉得买到就是赚到。引流款主要是为了拉流量，促进其他商品的销售。例如，卖鞋子的话，可以将鞋垫作为引流款；卖女装的话，可以将帽子或围巾等作为引流款。

2. 福利款

定义：福利款是引流款的补充或承接流量用的商品，作用是拉动互动指标、交易指标。

特点：福利款大多为同行爆款或自身性价比高，基本不赚钱。

落地操作：能够稍微提高 UV（Unique Visitor，独立访客）价值，和引流款相比价格落差没那么大，不会出现转款的时候直播间人数瞬间下降或没人的情况。

3. 利润款

定义：利润款是直播间主推的商品，是赚取利润、拉动交易指标的正价商品。

特点：利润款有两种，一是销量高的爆款，而且销量非常稳定；二是刚开始表现平平无奇，突然销量上升，具有潜力的商品。

落地操作：利润款不是越贵越好，而是要找 7 天里的爆款或相似款，或者其他平台上很少有的潜力款，提升直播间交易额。

二、直播排品方法

直播带货需要有排品策略。优秀的排品策略可以将单个商品的吸引力变成组合商品的吸引力，并且可为直播间带来 3 个指标的提升：用户停留时长、GMV（Gross Merchandise Volume，商品交易总额）、UV 价值（进入直播间的每个访客带来的价值）。

1. 六段排品法

六段排品法的形式：A、B（开播宠粉/独家福利款）+C、D、E（穿搭/护肤组合利润款）+F（限量/限时引流款）。

这是直播间常见的排品方法，先卖 A、B，把人气拉上来之后，再开始卖 C、D、E，提高成交金额，最后卖 F。同时，在直播间不断渲染 F 的价值，将用户留在直播间，把直播间的自然流量拉到一个高峰。

六段排品法一共需要 6 种商品在直播间进行组合，如果整场直播有几十种商品，不建议一次在直播间全上，因为只要把有销售力的几种商品组合好，就可以实现持续地引流和带货。

2. 三品组合法

三品组合法的形式：福利款+引流款+利润款。

这是按照商品在直播间起的作用进行排品的方法。

先上福利款。福利款是直播间吸引用户停留的好货，用来获得自然流量的推荐。团队通过观测一系列的数据指标，如用户停留时长、商品点击率/转化率等，调整直播状态，让更多的用户进入直播间，打开自然流量池。

再上引流款。引流款是用来提高直播间 UV 价值的商品。这种商品的利润很低，也是用来留住直播间的用户的。

最后上利润款。利润款是直播间的主打款，用于实现销售利润。

【练一练】

"我为家乡代言"团队下一期直播将来到新疆喀什展开一场以喀什特产为主题的直播。请你为这场直播进行选品，制作直播排品表。

思政园地

请上网搜索我国法律法规禁止直播推广的商品，并查询各主要网络平台禁售商品的目录。

任务二　直播脚本制作

任务情景

"我为家乡代言"团队不仅要考量商品品质与特色，还要结合直播特性，规划直播流程与互动环节。团队计划走进广东街头巷尾，探寻特产背后的故事，融入广府文化元素，从产品介绍、嘉宾访谈、优惠设置，到场景搭建，精心打磨一份能充分展现广东特色、吸引用户下单的直播脚本，以在大赛中脱颖而出，助力广东特产走出本土，走向全国。

活动一　整场直播脚本制作

活动描述

直播中的每个环节及主播的话术都需要提前精心准备。直播脚本是指在直播之前制订的直播计划，用于把控直播的节奏，规范直播流程，以达成既定的目标。

直播脚本一般可以分为整场直播脚本和单品直播脚本。整场直播脚本以整场直播为单位，用于规范直播流程与内容。单品直播脚本以单个商品为单位，规范单品的解说，突出商品卖点。

在本活动中，团队需要根据本次比赛要求，以广东特产为主题设计直播流程，制作整场直播脚本。

活动实施

第一步：确定整场直播脚本要素

团队仔细研究本次比赛关于场外直播赛的要求，讨论分析本次广东特产专场直播的主题、目标，确定直播时间、人员安排、活动机制，确定整场直播脚本要素，如表 4-2-1 所示。

表 4-2-1　整场直播脚本要素

直播主题	品舌尖粤味，守美"荔"家乡
直播目标	1．直播吸粉 1000 个以上； 2．整场直播销量达 2800 个商品以上； 3．订单量达 100 单； 4．毛利不低于 15% （按照本次直播比赛评分要求设定直播目标）
直播时间	2025 年 3 月 31 日，19:30—21:00，时长 1.5 小时
主播、助播	主播：美丽家乡代言人——婷婷 助播：晨晨
人员分工	助播：演示参与截屏抽奖的方法；回复用户的问题 场控：向粉丝群推送开播通知、推送商品、修改价格及库存、标记商品；收集中奖信息
直播活动机制	1．关注直播间领取 5 元无门槛优惠券、满 120 元减 10 元优惠券； 2．福利款 1 号链接（谭氏从化荔枝蜜），关注直播间领粉丝专享 10 元优惠券，直播专享价 29 元； 3．引流款 2 号链接（英德麻竹笋笋片礼盒装），秒杀价 29.9 元，限量 100 件； 4．利润款 3 号链接（化州橘红），直播专享价 79 元，买 2 件到手 149 元
注意事项	1．合理把控商品讲解节奏； 2．适当提高商品功能的讲解时间； 3．注意对用户提问的回复，多与用户互动，避免直播冷场

第二步：确定直播流程

团队根据本场直播时长要求，对本场直播流程进行规划，合理分配时间，设计整场直播流程，如表 4-2-2 所示。

表 4-2-2　整场直播流程

时间段	流程	主播	场控	重点
19:30—19:35	开场预热	1．自我介绍 2．直播互动（福利抽奖），介绍开场截屏抽奖规则 3．引导关注	在直播间添加商品链接，回复用户关于订单的问题	强调每天定点开播，积累用户
19:35—19:40	活动剧透	1．引入直播品牌、介绍直播主题 2．介绍直播优惠机制 3．剧透今日新款和主推款	收集互动信息	强调本场直播"品舌尖粤味，守美'荔'家乡"的价值理念
19:40—19:45	商品预告	1．快速预告一遍直播商品 2．重点推荐直播主推商品	—	不做过多停留，不看用户评论，不跟用户走

续表

时间段	流程	主播	场控	重点
19:45—20:45	讲解商品	1. 商品讲解 （15分钟）1号链接：广州老字号谭氏从化荔枝蜜 （15分钟）2号链接：英德麻竹笋笋片礼盒装，广东省英德市特产，中国地理标志产品 （10分钟）穿插抽奖互动：向用户介绍抽奖规则，演示参与抽奖的方法，引导用户参与抽奖 （15分钟）3号链接：化州橘红，广东省化州市特产，中国地理标志产品 2. 主播试吃，演示商品食用方法和效果，引导用户下单、关注 3. 为用户答疑解惑，与用户进行互动 4. 引导用户关注、下单，回复用户问题	1. 推送商品链接、修改商品库存、弹出优惠券 2. 抽奖互动时设置后台，并记录获奖结果 3. 回复客户关于订单的信息 4. 库存播报	主推商品——化州橘红： 1. 广东省化州市特产，中国地理标志产品 2. 坚持古法工艺炮制 3. 橘红具有化痰、调理脾胃的作用 4. 食用展示：将3片化州橘红放入玻璃杯中，然后用95℃以上的水冲泡，汤色金黄透亮，经久耐泡，香气宜人，初尝略带苦味，回甘快 5. 社会价值：展示化州新农村风貌，传播传统中医药文化，助力国货品牌的推广，以及赋能当地经济的发展
20:45—21:00	商品返场	对3款商品（或者呼声较高的商品）进行返场讲解，引导用户互动、关注、下单	1. 添加商品链接，回复用户关于订单的问题 2. 评论管理、库存播报	—

知识锦囊

一、整场直播脚本要素

一个完整的直播脚本主要包括直播主题、直播目标、人员安排、直播时间、直播活动机制、直播流程、直播商品等要素。

1. 直播主题

做一场直播，先要确定主题。整场直播的内容需要围绕主题展开，如配合品牌上新、推荐爆款、店庆活动或回馈客户等。好的主题能够通过短短几个关键字传达出核心信息，言简意赅，吸引用户关注与参与。主题确认后，要确保直播中的内容与主题契合。如果发生主题与内容不符的情况，会导致部分用户产生失落感，尤其是目的很明确的用户，如果空手而归很容易流失。

2. 直播目标

直播目标是指本场直播希望达到的目标，包括对观看人数、点赞量、进店率、转化率及销售额等各项数据的具体要求。通过明确这些数据要求促成直播目标的实现。

3. 人员安排

在直播过程中，通常是主播和助播出镜，但一场直播的完成还需要场控、客服等其他工作人员的配合。因此,要对直播过程中所涉及的人员进行合理安排,注意各个岗位人员职能上的配合,如主播负责引导用户关注、介绍产品、解释活动规则,助播、场控负责回复用户问题、发放优惠券等互动工作,客服负责修改产品价格、与用户沟通订单等。

4. 直播时间

直播要提前设定开播时间和下播时间。开播时间也要相对固定,并保证每场直播能够准时开播;在直播时严格按照设定的直播时间进行,保持直播节奏。到了下播时间,及时预告下一次直播时间,让用户持续关注。时间固定可以促进用户观看习惯的养成,控制时长能让用户对主播保持新鲜感。

5. 直播活动机制

直播活动机制一般是由直播运营人员策划的。直播间活动一般有两种导向:一种是以互动为导向,主要目的是提升直播间热度,提高直播间观看人数、点赞量、评论量、平均观看时长、粉丝量等;常见的活动机制有关注主播领优惠券或领红包、点赞领优惠券、满观看时长领优惠券、评论抽奖、裂变分享直播间领优惠券等。另一种是以提升销量为导向;常见的活动机制有满减、满赠、会员礼、充值礼、秒杀等。常见的直播间活动及目的如表 4-2-3 所示。

表 4-2-3 常见的直播间活动及目的

序号	活动	目的
1	开场满送	开播前聚集人气,直播间达到某人数标准时开启抽奖
2	整点抽奖	截屏抽奖,让用户持续关注直播
3	问答抽奖	调动直播间气氛
4	限量秒杀	使用季节性爆款做限量秒杀,在直播间氛围低的时候推出,以拉高人气
5	神秘黑盒	可使用福袋、商品搭配、一口价、盲拍、开袋惊喜等不同形式,给用户带来惊喜

6. 直播流程

直播流程是整个直播脚本的精华和重点部分,主要是对直播内容的设计及对各个环节的时间分配,包括开场设计、产品讲解顺序、直播互动安排、直播结尾设计等。对各个环节的设计应具体到分钟。例如,20:00 开播,开播前 10 分钟进行直播间的预热、打招呼、介绍主题等。一定要按照排品逻辑规划商品讲解顺序及时间段。整场直播流程示例如表 4-2-4 所示。

表 4-2-4 整场直播流程示例

直播时间 20:00—21:10			
序号	时间计划	直播流程	直播内容
1	20:00—20:10	10 分钟预热,主播打招呼,与用户互动,透露直播主题	一边互动,一边介绍商品,透露近日的新款和主推款

续表

| 直播时间 20:00—21:10 ||||
序号	时间计划	直播流程	直播内容
2	20:10—20:15	5分钟抽奖活动	烘托直播间氛围，制造紧张感，引导转发直播，预告下一轮活动
3	20:15—20:35	20分钟商品介绍，讲解2~4件商品	展示款式、颜色、面料、舒适度、搭配效果等。每款商品讲解5分钟左右，分别搭配展示
4	20:35—20:40	5分钟秒杀活动	如有秒杀款，则主推秒杀款
5	20:40—21:00	20分钟商品介绍，讲解3~5件商品	展示款式、颜色、面料、舒适度、搭配效果等。每款商品讲解5分钟左右，分别搭配展示
6	21:00—21:10	结束语，引导用户下单，预告下次直播内容	最后用几分钟回答用户关于商品的问题，引流到微信等
备注：注意在直播中使用流行称谓			

7. 直播商品

直播脚本要体现直播商品，特别是主推商品；体现商品的卖点，在商品卖点中体现商品的特点，包括商品功能卖点、商品价格卖点，以便主播在介绍商品时给用户的信息更为真实和准确。

二、直播流程设计

直播流程是直播脚本的核心，是对具体的时间节点的规划，以及在各时间节点主播及直播相关人员要做的事和要说的话。直播流程一般包括以下几个部分。

1. 开场预热

直播开场时一定要先预热，而不是马上就卖货。在预热过程中，主播一般会通过打招呼、自我介绍、欢迎用户到来、介绍直播主题、互动聊天或抽奖等方式，快速拉近与用户的距离，培养感情，打造主播的人格魅力。

2. 宣布福利

在预热之后一般会宣布本场直播福利。该环节是直播过程获取用户的高峰期，借助直播福利能够最大化地吸引用户入场。例如，宣布某时间点可以参与抽大奖、赠送大红包、送限量产品、大折扣等。

3. 商品预告

主播可以根据直播脚本预告每款商品的出场时间。事实上，大部分用户在直播间的停留时间是比较短的，要让用户保持整场情绪亢奋并且看完整场直播，对主播来说是很难的。因此，商品预告可以让这部分不能全程观看直播的用户，根据预告中的时间点进入直播间抢购，以免用户由于时间关系放弃整场直播，错过特别想买的商品。

4. 话题引入

直播预告结束之后,主播可以从直播主题或当前热点事件切入,活跃直播间气氛,调动用户情绪。

5. 商品介绍

引入话题之后,主播根据直播脚本按照顺序逐一介绍商品。例如,商品的详细讲解可以根据单品直播脚本,重点突出商品卖点及商品在本场直播中参与的福利活动。

6. 穿插互动

在商品介绍的过程中,直播间往往会穿插用户互动环节,如直播间福利留人、点关注送礼、抽奖、回答用户问题等。

主播除了可以在专业度上下功夫,还可以通过设计一些互动玩法,打造个人魅力。目前很多直播间设计了与其他主播连麦、邀请明星参与互动等环节,甚至有把直播带货当成一档综艺节目来设计的趋势。一些直播间中的互动玩法如表 4-2-5 所示。

表 4-2-5　直播间的互动玩法

玩法类型	说明	技巧
红包	直接有效的互动方式,包括现金红包和口令红包等形式	直播间人数较少时,在粉丝群派发红包;人数较多时,在点赞、评论到达一定数量时发红包
抽奖	包括签到抽奖、点赞抽奖、问答抽奖和秒杀抽奖等形式	奖品最好是直播间售卖的商品(爆款或新款);抽奖切忌集中抽完,应分散在直播的各个环节;通过点赞量或评论量把控抽奖节奏
连麦	与其他主播连麦,互相导粉或通过连线互动提升人气	多样化的互动玩法是关键,目的是吸引用户,引导用户点赞、评论或刷礼物
促销	起到提升直播间销量和活跃气氛的双重作用	结合电商大促、节目、时令、热点等设计限时促销活动
名人助播	头部主播会邀请网红、达人、明星等进入直播间共同直播	与用户互动,满足用户心愿,同时结合抽奖、红包、游戏等玩法
企业领导助播	提升人气,增加话题性,给直播背书	可以在直播间待售商品的优惠力度上多做设计,也可以与抽奖、红包等玩法共同使用

【练一练】

"我为家乡代言"团队将要开展一场以喀什特产为主题的直播,目前已经完成选品工作,制作出直播排品表。请你根据选品设计整场直播脚本。

活动二　单品直播脚本制作

活动描述

在上一个活动中,我们完成了整场直播脚本的设计。对于一款商品要如何在直播中呈现,从而激发用户的购买欲,还需要对该商品进行单独分析,制作单品直播脚本。单品直播脚本一般由主播设计,一个重要作用是帮助主播理清商品讲解思路,提高直播转化率。

活动实施

第一步:查看商品信息

团队在本场直播中选择了 3 款商品,并仔细查看这 3 款商品的信息,对商品进行卖点分析,如表 4-2-6 所示。

表 4-2-6　商品信息卡

序号	品类	主图	商品名称	规格	商品信息	日常价/元	直播价/元	库存	生产日期	保质期
1	食品		谭氏从化荔枝蜜	250g/瓶	谭氏是广州老字号;荔枝蜜是中国南方地区生产的优良蜂蜜;从化是出名的荔乡,气候温和,黄土壤居多,特别适合荔枝生长	39	29	5000瓶	2025/4/27	2年
2	零食		英德麻竹笋笋片礼盒装	60g×12包/礼盒箱装	英德麻竹笋是广东省英德市特产,中国地理标志产品。英德麻竹笋具有鲜嫩、爽口、笋味香浓的特色,有"蔬中第一珍"的美誉。麻竹笋含有丰富的粗纤维和蛋白质及18种人体所需氨基酸。英德麻竹笋开袋即食,笋味香浓,口感爽脆,可作为日常零食或下饭菜	38	29.9	5000箱	2025/4/27	1年
3	农产品干货		化州橘红	100g/罐	橘红出产于化州,有很好的化痰止咳的作用,还有较好的调理脾胃的作用	98	79	5000罐	2025/3/10	5年

第二步:制作单品直播脚本

结合商品信息卡,从中选择一款商品进行分析,制作单品直播脚本,如表 4-2-7 所示。

表 4-2-7　单品直播脚本

产品	谭氏从化荔枝蜜	
步骤	脚本	话术
1. 提出痛点,挖掘需求,圈定人群	1. 提出痛点:想要买正宗的蜂蜜,老是买到假的或加糖的,味道不纯。 2. 挖掘需求:买正宗的、可靠的、好喝的蜂蜜。 3. 圈定人群:养生人群、老年人、女性	朋友说她最近皮肤比较干燥,想买点蜂蜜喝,但是网上好多人说现在的很多蜂蜜是假的或加糖的,鱼龙混杂,不知道买哪一种比较好! 我们买蜂蜜一定要认准可靠的商家,选择好蜂蜜!想要喝到正宗蜂蜜、想要养生的小姐妹们听好了,我将给大家带来的这款蜂蜜千万不要错过

续表

步骤	脚本	话术
2. 提供解决方案，引出卖点	1. 商品基本信息：广州老字号谭氏；从化荔枝蜜是广东省广州市从化区特产，中国地理标志产品。 2. 主要卖点： （1）有浓郁的荔枝花香味，味道甜润 （2）具备产地优势，蜜源来自纯净的自然环境 （3）采用传统的工艺做法；做好品质管控，绝不额外加糖 （4）蜂蜜有益，大部分成分是葡萄糖和果糖，还含有有机酸、无机酸和氨基酸，含有多种人体所需的维生素及矿物质	我要给大家推荐的是这款谭氏从化荔枝蜜。它有浓郁的荔枝花香味，味道甜润，微带荔枝果酸味，这自然就是我们岭南特有的味道了。好蜜源自深山，远离城市的喧嚣。从化是优良的蜜源带，具有纯净的自然环境。这款谭氏从化荔枝蜜是中国地理标志产品。近年来，当地政府进一步加强了地理标志产品的品牌培育、推广和保护，切实促进了地理标志产品的发展，助力当地产业发展、乡村振兴。 　　这款蜂蜜采用传统的工艺做法。企业在保持传统工艺的基础上坚持做好品质管控；有洁净级别为 10 万级的标准净化车间，检查每桶原料，有全自动设备，安全卫生，保证每瓶蜂蜜的干净纯粹。 　　正宗蜂蜜的成分是葡萄糖和果糖，还含有有机酸、无机酸和氨基酸，含有多种人体所需的维生素及矿物质，老人、小孩都很适合食用。所以想要养生、调理身体的小伙伴可以试试这一款。 　　每天一杯蜂蜜水，美味又健康
3. 商品试用体验	1. 描述商品外观，呈深琥珀色、有结晶现象 2. 辨别蜂蜜真假 3. 推荐如何喝 4. 现场冲泡试喝 5. 适用人群及场景描述	大家可以看到这款蜂蜜呈深琥珀色，存放时间长了或像冬天的时候气温比较低，会出现结晶现象。易于结晶的蜂蜜才是纯正的蜂蜜。如果是人造蜂蜜，或者是不纯的蜂蜜，就不会结晶了！ 　　今天教大家一个辨别蜂蜜真假的小妙招哦，咱们可以舀几勺蜂蜜放入杯中，再加入冷水，然后充分摇晃使它产生泡沫。真蜂蜜的泡沫比较密集而且不易消散，假的或不纯的蜂蜜虽然也有泡沫产生，但很快就会消散。大家可以看到，谭氏从化荔枝蜜产生的泡沫是非常密集、厚实的，这是一款货真价实的真蜂蜜。 　　大家买这款蜂蜜回去，可以有很多种吃法。夏天马上到了，泡杯蜂蜜柠檬水，解渴又解燥；早餐抹在面包上也很不错！ 　　现在我冲好了一杯蜂蜜柠檬水，我来试试！嗯，确实好喝，荔枝蜜带有浓郁的荔枝花的香味，芳香馥郁，与柠檬的清香碰撞在一起，甘甜适口，微带荔枝蜜特有的荔枝果酸味，真的特别好喝。摄入糖分之后，感觉心情都变好了呢。大家也快来试试吧！ 　　对喜欢饮酒或经常有聚会应酬的人来说，荔枝蜜就是救星，可以在喝酒前或喝酒后喝上一杯。蜂蜜中含有的葡萄糖和果糖可以加快代谢，因此能够有效缓解酒后头痛的症状
4. 增强信任	中华老字号，"广州十大手信"	谭氏这个品牌始创于 1955 年，已获得中华老字号称号。荔枝蜜是"广州十大手信"。谭氏拥有世代传承的技艺，具有中华民族传统文化背景和深厚的文化底蕴，获得了社会的广泛认同，形成了良好的信誉

续表

步骤	脚本	话术
5. 引导消费	关注直播间领粉丝专享优惠券 10 元，日常价 39 元，直播专享价 29 元	为了回馈家乡，暖心助农，助力乡村振兴，我们直播间今天给到大家最大的福利，给到蜂农们最广的推销。这款谭氏从化荔枝蜜，250g 装日常价是 39 元。今天我们来给大家送福利，大家只需要动动发财的小手，关注直播间，就可以领取我们的优惠券，一张立减 10 元的粉丝专享优惠券，券后到手价仅 29 元！ 没关注的姐妹们，抓紧时间关注，我们准备上链接喽！3、2、1，上链接，刷新下方小红袋，去拍 2 号链接。秒拍秒付，所有关注后已拍的宝宝，记得回到直播间在公屏上打"加急"，后台小姐姐会帮忙登记安排加急发货。 人间四月芳菲尽，从化荔花正盛开；长恨春归无觅处，下单蜂蜜携春来！感谢大家对从化荔枝蜜的支持，希望在我们的努力下，当地产业发展得越来越好，村民生活越来越甜蜜，老字号谭氏越来越响亮

知识锦囊

单品直播脚本五步法

详细的单品直播脚本能展示该款直播商品的卖点、基本信息、品牌介绍、使用场景、优点、直播注意点等，多以表格的形式呈现。主播应结合自身特点和经验，按照脚本逻辑进行讲解。

单品直播脚本可以按照五步法进行设计。下面以某款品牌粉底液为例对单品直播脚本的设计步骤进行讲解，如表 4-2-8 所示。

表 4-2-8 单品直播脚本设计步骤

步骤	要点	脚本
1. 提出痛点，挖掘需求，圈定人群	1. 模拟用户，描绘用户真实的痛点场景，使用户产生代入感 2. 站在用户的立场，发现需求，放大需求，从而使用户和主播产生共鸣 3. 主播要把这款商品适用的目标人群找出来，实现精准营销	1. 提出痛点：用完粉底液闷痘；皮肤比较敏感，脸部泛红；出汗易脱妆；皮肤暗沉有轻微痘印 2. 挖掘需求：需要不闷痘、保湿、养肤、遮瑕的底妆产品 3. 圈定人群：适合油皮或干皮、容易长痘、皮肤敏感的人群
2. 提供解决方案，引出卖点	1. 引出商品，这款商品能够解决用户的痛点，满足用户的需求，介绍商品基本信息（如品牌信息，商品名称、规格、外观、材质、制造工艺等） 2. 阐述商品卖点，如商品是怎么解决问题的，可以给用户带来什么好处 3. 和同类商品相比，这款商品的优势是什么	1. 商品基本信息 品牌：××× 商品规格：30mL 商品成分/原料：含有灵芝、人参、芦荟、川谷子、核桃籽仁等成分 2. 主要卖点 （1）轻薄不闷痘 （2）中药成分，安全有保障、养肤 （3）奶油肌、修饰肤色

续表

步骤	要点	脚本
3. 商品试用体验	1. 商品展示，提升用户体验度 2. 商品试用（试吃、试穿），强调使用感受和效果 3. 多用比喻句和形容词，强化卖点 4. 突出原料、产地、工艺 5. 介绍商品的使用场景 6. 强调什么人群适合购买	1. 视觉展示 （1）磨砂感瓶身 （2）泵头设计 （3）盖子顶部艺术雕刻 2. 使用展示 （1）主播先挤出一粒黄豆大小的量，在手上推开，并靠近镜头展示粉底液质地 （2）试妆，将粉底液点涂在半边脸上，用美妆蛋铺开。边试妆边讲解商品特点，试妆完成后模特皮肤靠近镜头，展示不卡粉及遮瑕效果 （3）模特对使用感受进行表述 3. 使用场景 适合公司白领，学生党不能化妆，妆感太重不合适
4. 增强信任	1. 包装品牌，讲品牌故事，突出品牌实力和可信度 2. 强调销量高，体现畅销 3. 借势营销，打造专家人设，获取信任，如明星代言或名人同款 4. 出具实验室检测结果或权威机构证书 5. 消费者证言和案例，消费者使用后的真实照片、使用前后效果对比	1. 品牌：具有100年的历史，曾经获得美妆大奖 2. 销量：月销量5w+ 3. ×××明星代言，×××同款 4. 主播使用空瓶展示
5. 引导消费	1. 介绍商品的优惠方案，使用价格对比、给用户算账等方式突出优惠力度，用形容词突出优惠力度大 2. 上链接放单，放券，库存播报，强调优惠的限时限量，制造紧迫感和稀缺感 3. 讲解如何获取优惠，下单教学，引导关注	1. 产品价格：日常价79元，直播价69元 2. 福利：10元优惠券，备注"直播大卖"赠送一份直播专属礼品

【练一练】

"我为家乡代言"团队将要开展一场以喀什特产为主题的直播，目前已经完成选品工作，制作出直播排品表。请你根据选品制作单品直播脚本。

思政园地

关于夸大虚假宣传

任务三　直播预热与执行

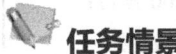
任务情景

直播预热与直播带货是完成直播的最后一环。"我为家乡代言"团队在完成直播选品与直播脚本制作后，为了更好地吸引用户关注、增加直播观看量、提高用户参与度、优化直播效果、促进转化，需要在直播前完成以"品舌尖粤味，守美'荔'家乡"为主题的直播预热。团队将选定多个预热渠道、准备对应的直播物料、发布直播预告，做好直播预热，为最后的直播奠定基础。后续，团队将面临直播带货的挑战，尝试完成直播场景搭建、准备直播设备与道具，做好直播前测试，最终完成直播带货，并记录直播数据。

活动一　直播预热

活动描述

直播带货活动中，人、货、场是三大要素，其中人是核心。如果只有直播商品和直播场地，没有用户，没有流量，直播也就没有意义。所以直播前需要进行预热，通过预热吸引更多的用户进入直播间。向用户提前说明直播内容，可让对直播感兴趣的用户提前做好准备，在直播时及时进入直播间，从而提高直播间的在线人数。如果预热不到位，正式直播时流量过低，那么直播的销售额就很难保证。

直播预热引流的细节执行主要包括两部分：一是选择预热渠道；二是结合不同的渠道准备预热物料。"我为家乡代言"团队需要选择预热的渠道，制作预热的物料。

活动实施

第一步：选择预热渠道，制定预热方案

团队于 2025 年 3 月 31 日在微信小程序上进行直播，直播主题是为正式直播进行预热。小组讨论后选择将微信粉丝群、朋友圈、视频号、微博作为主要的推广渠道，结合不同渠道的特点，制定直播预热方案，如表 4-3-1 所示。

表 4-3-1　直播预热方案示例

直播主题	品舌尖粤味，守美"荔"家乡		
直播时间	2025.3.31　19:30—21:00	直播平台	微信小程序
预热渠道	所需物料	注意要点	发布时间
微信粉丝群	预热文案+预热海报+链接	开播前：转发预热海报和预热文案 开播后：直接发链接，引导转发，设置分享有奖活动 预热海报带二维码	当天 15:00 预告；开播后发链接

续表

预热渠道	所需物料	注意要点	发布时间
朋友圈	预热文案+预热海报+链接	开播前：转发预热海报和预热文案 开播后：发链接	当天15:00预告；开播后发链接
视频号	预热视频+预热文案	引导关注	开播前一天
微博	预热海报+预热文案+预热视频	引导关注	开播前一天

第二步：准备预热物料

根据直播预热方案，团队需要准备物料。下面以准备直播标题、直播封面、预热文案、预热海报为例进行简单讲解。

1. 撰写直播标题

标题的一大作用是吸引用户进入直播间观看。一个好的标题应该能够准确地定位直播内容，并引起用户的观看兴趣。直播标题的字数不宜过多，5~15个为宜，用一句话展示直播内容的亮点，但要避免空洞无物、信息量太小。

根据知识锦囊中关于直播预热文案的写作技巧，结合本次直播主题拟定不同类型的直播标题，要求字数不超过15个（含标点符号），填写在表4-3-2中。

表4-3-2 直播标题

文案类型	标题
借势型文案	
戳痛点型文案	
利益型文案	
价值包装型文案	
抽奖型文案	
悬念型文案	

2. 制作直播封面

不同平台对直播封面的要求不一样。本次比赛，直播平台对直播封面有以下要求。

（1）750像素×750像素。

（2）体现直播主题、直播时间、直播间信息、直播调性。

（3）内容符合平台规范及相关法律法规，传达正确的价值观。

（4）画面清晰、美观。

应按要求制作封面。如图4-3-1所示为部分参赛直播封面示例。

3. 撰写预热文案

预热文案通常是各种预热场景中都要用到的。不同的预热场景对文案文字数量的要求不同，平台的调性不同使得文案风格也有差异，应该结合不同的平台进行修改。例如，直播预告需要写直播标题，短视频推广也需要带上标题和文案，公众号预热需要撰写推文标题和推文内容等。直播预热文案示例如表 4-3-3 所示。

图 4-3-1　部分参赛直播封面示例

表 4-3-3　直播预热文案示例

文案内容	分发渠道
粤来粤掂公益直播 品舌尖粤味，守美"荔"家乡！ 广东省互联网营销直播技能大赛进行中，请扫码关注直播间，为我校参赛队涨涨粉丝量，合适的产品买买买，为参赛队冲冲订单量 直播时间： 3月31日 19:30—21:00 !!惊喜福利 不要错过!! 😊关注😊关注😊关注 点赞❤点赞❤点赞 🛒买它🛒买它🛒买它 （二维码）	开播前： 微信粉丝群、朋友圈、微博等
粤来粤掂公益直播 开播啦！开播啦！品舌尖粤味，守美"荔"家乡！ 广东省互联网营销直播技能大赛进行中，打 call 攻略： 🎋点击关注直播间，领取无门槛优惠券 !! 🎋笋片礼盒低至 29.9 元，闭眼可入 !! 🎋直播间下单抽奖，百分之百中奖 !! 😊关注😊关注😊关注 点赞❤点赞❤点赞 🛒买它🛒买它🛒买它 （链接）	开播后： 微信粉丝群、朋友圈、微博等

4. 制作预热海报

通过小组讨论，直播预热海报需要重点突出以下信息。

（1）直播主题：品舌尖粤味，守美"荔"家乡

（2）直播时间：3月31日　19:30—21:00

（3）直播产品：通过产品图片，展示直播产品

（4）主播、助播：美丽家乡代言人——婷婷、晨晨

（5）直播渠道：展示直播地址（二维码）并且有引导关注的指引

制作的直播预热海报如图4-3-2所示。

图 4-3-2　直播预热海报

第三步：发布直播预告

直播预告是直播前不可忽视的环节，可让用户提前了解直播，也便于平台将直播内容匹配给用户，使直播间获得精准用户流量。不同的直播平台发布预告的方式不同。下面以淘宝直播为例说明发布预告的方法。

1. 在手机端发布预告

（1）登录淘宝主播App账号，在后台点击中间的摄像头按钮。

（2）点击右下角的"发预告"选项，如图4-3-3所示。

（3）在打开的"发预告"页面中填写直播预告的相关信息，然后点击"发预告"按钮，直播预告即发布完毕。

2. 在计算机端发布预告

（1）进入"千牛卖家中心"→"自运营中心"→"淘宝直播"页面，进入直播中控台。

（2）点击左侧的"发布直播&预告"选项，如图4-3-4所示。

项目四 新媒体直播内容创作

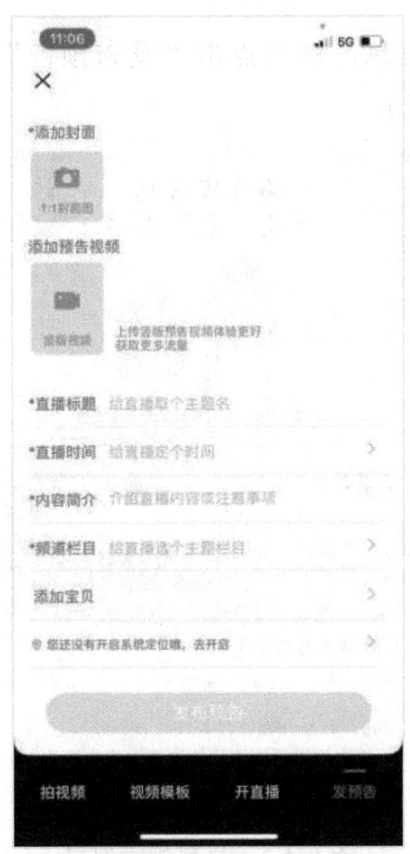

图 4-3-3 填写直播预告信息手机端

图 4-3-4 填写直播预告信息计算机端

119

（3）在右侧填写直播预告信息，然后点击"发布预告"按钮，直播预告即发布完毕。直播预告效果如图 4-3-5 所示。

图 4-3-5　直播预告效果

第四步：通过预热渠道分发预热信息

完成了预热物料制作，并且发布了直播预告之后，接下来按照预热方案在不同的平台进行预热信息分发（按平台加以修改），并进行分发记录，如表 4-3-4 所示。

表 4-3-4　直播预热执行情况记录

分发渠道	发布时间	截图
微信粉丝群	3 月 31 日 15:00、19:30	

续表

分发渠道	发布时间	截图
朋友圈	3月31日 15:00、19:30	
视频号	略	略
微博	略	略

知识锦囊

一、直播预热渠道

直播预热可以利用直播平台自带的渠道进行引流，也可以利用各种传播渠道（如短视频平台、微博、微信公众号、社群等）进行直播前预热宣传。

1. 直播平台

以淘宝直播平台为例，可以利用的流量来源包括粉丝推送、店铺首页、商品详情页、淘宝逛逛、淘宝粉丝群等。例如，某电商达人在直播前通过淘宝逛逛首页发布直播预热信息，如图4-3-6所示。

图4-3-6 直播平台预热

如果选择抖音、快手等短视频平台进行直播，在直播之前可以更新账号名或账号简介等，那么可以利用账号主页中的账号名、账号简介、账号背景图等进行预热。例如，可以在账号名中备注"18 点直播"，也可以在账号简介中以文案的形式说明直播时间，如"直播时间：每周一至周五 18:00"，如图 4-3-7 所示。

图 4-3-7　抖音平台预热

2. 短视频平台

目前主流的短视频平台有抖音、快手等。一般在直播前发布短视频进行预热，预热的时间建议不超过 3 天，一般直播当天发送。有的直播虽然主场是淘宝，但抖音账号也聚集了不少粉丝，因此在直播前可利用抖音平台发布预热视频，将粉丝从抖音等短视频平台引流到淘宝直播平台，如图 4-3-8 所示。

图 4-3-8　短视频平台预热

3. 微博

微博上的预热宣传形式一般有"文案+图片"和"文案+视频"两种。

很多电商会在微博上进行直播预热，告诉粉丝具体的直播时间和主题。可以利用微博的高互动性特征，开展粉丝互动活动，如转发有礼、评论抽奖等，如图 4-3-9 所示。

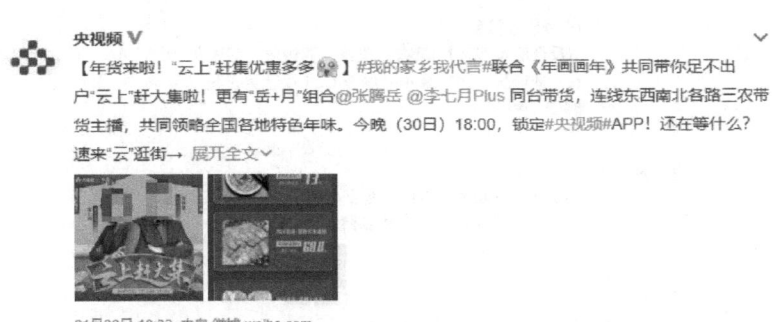

图 4-3-9　微博预热

4. 微信公众号

可以在微信公众号上以长文案的形式进行直播预热，同时添加贴片或海报，更清楚地说明直播时间和主题。例如，央视新闻的"买遍中国·助力美好生活"全国巡回带货直播栏目第十五站为重庆，便于直播当天在央视新闻微信公众号上发布直播预告，通过图文形式预告当晚直播主题、产品、福利及价格，如图 4-3-10 所示。

图 4-3-10　微信公众号预热

5. 社群

社群是直播流量的主要来源，有些主播会创建自己的社群，如微信粉丝群、淘宝粉丝群、抖音粉丝群等。社群作为粉丝的聚集地，用户的精准度及忠诚度往往比其他渠道高，所以在直播前通过在社群里发布预热信息，可以实现精准传播、高效引流。社群预热宣传形式通常以"文案+图片+链接"为主，如图 4-3-11 所示。

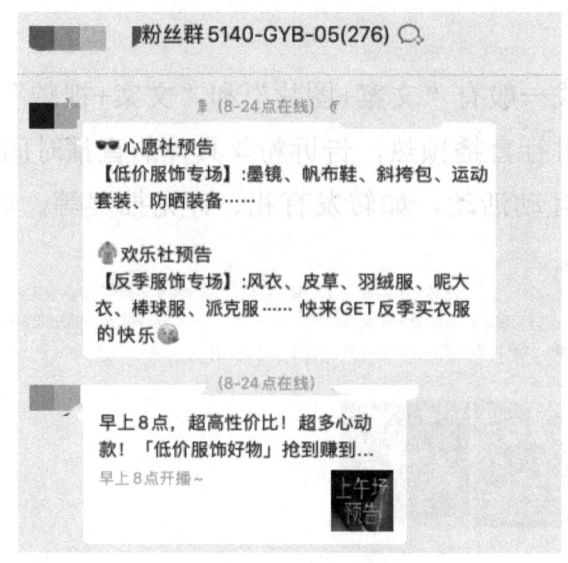

图 4-3-11　微信粉丝群预热

二、直播预热物料

直播预热需要提前准备好宣传物料，主要包括预热文案、预热视频、预热图片等，物料根据直播的具体内容进行设计，一般在引流宣传开始前 3 天准备就绪。

只有明确直播的主题，了解直播的活动形式、促销内容、商品信息及价格，才能制作出符合传播规律、吸引用户关注的物料。

1. 预热文案

电商直播的预热文案是吸引用户进入直播间的第一扇门。如果直播预热文案毫无吸引力，那么大部分用户就不会进入直播间观看直播。

（1）预热文案的类型。

① 借势型文案：可以用热门事件、热门节日、热门影视剧借势，但是要注意热点和直播内容相关。例如，很多主播会邀请当红明星来直播间做客，借名人宣传造势，吸引明星的大量粉丝关注，自然可以提高直播间的关注度。

② 戳痛点型文案：以用户核心痛点为中心，结合需求痛点在标题中体现直播产品目标人群的痛点，引起用户关注。例如，某直播标题为"痘肌救星减少反复"。这个直播标题针对皮肤反复长痘的用户，从而吸引精准用户进入直播间。

③ 利益型文案：重点是告诉用户这场直播能够给他们带来什么好处。这些好处可以是福利优惠、某个问题的解决方法，也可以是知识干货等。可以在直播预热文案中加入这些关键词，突出直播价值和利益点，传达直播主题。例如，"小个子穿搭看这里""手把手教你有效防晒"等。

可以在预热文案中强调直播间的福利活动，提高直播热度。例如，在直播间设置抽奖游戏、免费送等福利活动。这些活动能够吸引用户进入直播间，快速得到用户关注。

还可以在预热文案中直接分享直播商品清单，并告知部分商品优惠，吸引精准用户进入直播间，提升转化率。例如，"魅力中国行——甘肃站来啦！兰州牛肉面、桂花杏脯、手撕牦牛肉、酥油茶……超多甘肃美食为你双手奉上！"

④ 价值包装型文案：对预热文案做一次价值包装，让用户从预热文案中看到"价值"。例如，"明晚8点，革命老区公益带货直播专场来啦！为你带来充满红色记忆的老区美食，快来一起为家乡革命老区振兴助力～"

⑤ 抽奖型文案：借助一些平台的互动抽奖活动，可以让预热文案传播得更快。例如，"【专属福利】：带上话题转评赞+关注，抽100人平分20000元红包！"

⑥ 悬念型文案：设置悬念能极大地勾起用户的好奇心。例如，通过在每天的直播倒计时中设置问题制造悬念，成功勾起用户的好奇心，让用户产生进入直播间的欲望，如图4-3-12所示。

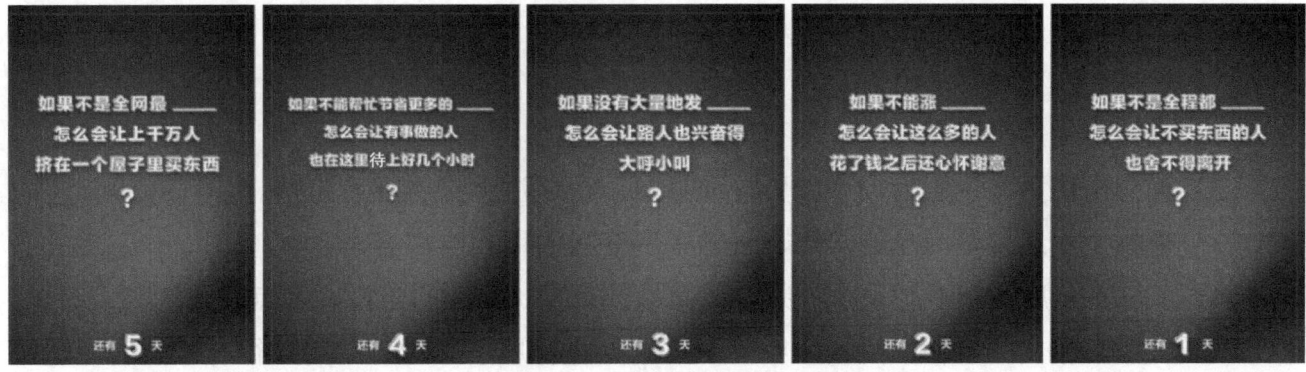

图4-3-12　悬念型直播预热文案

（2）预热文案需体现的要素。以微博为例，在发布预热文案时，要考虑直播活动的主题，从用户的角度思考什么样的文字才是具有吸引力的。也可以将直播亮点展现出来，吸引用户进入直播间。预热文案一般要体现以下几个要素。

① 直播活动主题。例如，"我的家乡我代言，第四站扶贫助农之旅即将开始"。

② 直播活动时间和渠道。例如，"8月28—31日，每天16:00，#央视频#《我的家乡我代言》直播间"。

③ 直播亮点。例如，本场直播活动的嘉宾、特色环节、特殊场景。

④ 直播产品。例如，"SK-Ⅱ、海蓝之谜……你想要的大牌好物全都帮你准备好了！快看图get剧透！"

⑤ 直播活动利益点。例如，"带你在重庆市石柱土家族自治县寻找巴适好物！看直播还有神秘惊喜哦~"，如图4-3-13所示。

图4-3-13　微博预热文案

(3) 预热文案写作技巧。

① 使用活泼生动的语言，如当下的网络用语、热词、表情符号等。

② 巧用标点符号，善用修辞手法。

③ 善用话题，如当下热门事件、热门话题。

④ 善用@相关人物，联动其他相关账号进行传播。

⑤ 带上直播链接，或其他进入直播间的方法。

⑥ 从用户的角度出发，让用户产生情感触动，如商品联想、兴趣激发等。

2. 预热视频

预热视频的发布渠道有淘宝逛逛、短视频平台、微博、微信公众号等，通常要告知用户直播时间、直播平台、直播主题等信息。

预热视频的发布技巧如下。

(1) 直接告知用户直播时间，号召用户观看。

(2) 真人出镜更有说服力，可以更好地号召用户关注主播、观看直播。

(3) 视频主题通常是商品的卖点、直播福利等吸引用户的内容。

(4) 可以多角度发布多个预热视频，如商品的角度、福利的角度、卖点的角度等。例如，某工厂在鞋服直播间的直播预热视频中对工厂仓库进行展示，对一些用户很有吸引力。这些用户一看是仓库直接发货就知道直播间的商品价格很便宜，来直播间可以获得实惠的价格。

(5) 直播前一两天持续发布多角度的视频。例如，发布 6 个预热视频，选出一两个点赞量、浏览量比较高的视频进行付费投放。这样能更好地为直播引流。

3. 预热图片

预热图片一般有直播封面、预热海报、商品清单图，能够直观地体现直播的内容和主题，因此，直播之前要准备好预热需要的图片素材。

(1) 直播封面。直播封面是用户了解直播的第一印象来源，有助于建立直播间特色、吸引用户点击。一张好的封面对于提升进店率效果显著，需要认真对待。好的直播封面要具备以下几个特点。

① 主题明确。封面最好能展示该场直播的主题，体现所在频道定位，使用户一看到封面就明确知道这场直播的主题。主题明确可以让进入直播间的用户都是精准用户。

② 图片美观。封面应采用清晰明亮、构图合理、人物举止舒适且不低俗的实拍图。

③ 人物体现。封面可以不单纯是商品图，如可以是主播试用图。

④ 风格统一。封面要保持一个风格和色系，要有属于自己的风格，要和主播的人设相符。

如图 4-3-14 所示的几张直播封面就是比较优质的。

(2) 预热海报。设计预热海报时要考虑以下几点。

① 体现直播主题，如在海报上显示"买遍中国·助力美好生活""热干面回来了"等，如图 4-3-15 所示。

图 4-3-14 直播封面示例

图 4-3-15 预热海报示例

② 呈现直播要素，如直播时间、直播渠道、直播产品、出镜主播等。如果是品牌专场则需体现品牌名称、品牌标志等信息。

③ 配色和谐，排版合理。

④ 使用竖版图，符合目前大多数人在手机上阅读的习惯。

（3）商品清单图。商品清单图一般以长图形式呈现。可以在预热海报的基础上增加直播商品信息，如图 4-3-16 所示。

① 可按照直播流程中商品的发布顺序依次排列。

② 要有商品品牌、名称、价格、促销内容、赠品等信息。

③ 商品清单图可以标注直播价与日常价的对比，或标明折扣。

④ 在商品清单图末尾增加用户关注直播的步骤。

图 4-3-16　商品清单图示例

【练一练】

"我为家乡代言"团队将要开展一场以喀什特产为主题的直播，直播前一个星期需要完成所有的直播预热准备工作。请你策划直播预热方案，并且准备预热物料。要求直播前一天必须完成直播预热内容的发布。

思政园地

请自行上网搜索淘宝直播封面及标题发布要求与规范。

活动二　直播执行

活动描述

完成直播预热之后，就要进入正式直播了。直播过程中需要把握直播互动情况，进行直播控场等。

活动实施

第一步：直播场景搭建

团队根据本次直播的主题及直播商品类型设计直播场景，如表 4-3-5 所示。

表 4-3-5　直播场景设计

直播形式	坐播
直播间要求	10 平方米，有直播用的桌子、椅子
直播背景	绿幕
直播场地	室内直播间

续表

直播场地效果图	

第二步：准备直播设备

团队根据直播场景的要求准备直播设备，如表 4-3-6 所示。

表 4-3-6　直播设备清单

直播设备	一台计算机（计算机上安装了推流软件） 两个摄像头（一个主摄像头位于主播正前方；另一个摄像头用于直播近景切换）
灯光设备	直播间配备 1 个顶灯、2 个球形灯、1 个环形灯、若干小功率白光射灯 要求灯光为 5500K 正白光，光线柔和均匀
货品陈列	准备商品样品，摆放于直播台上
直播间陈列图	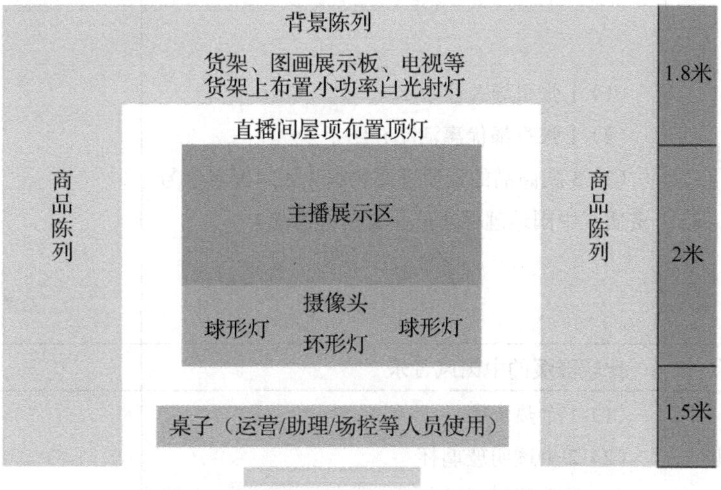 （直播间陈列示意图：背景陈列——货架、图画展示板、电视等，货架上布置小功率白光射灯 1.8米；直播间屋顶布置顶灯；商品陈列｜主播展示区｜商品陈列 2米；球形灯、摄像头、环形灯、球形灯；桌子（运营/助理/场控等人员使用）1.5米）
直播间实景图	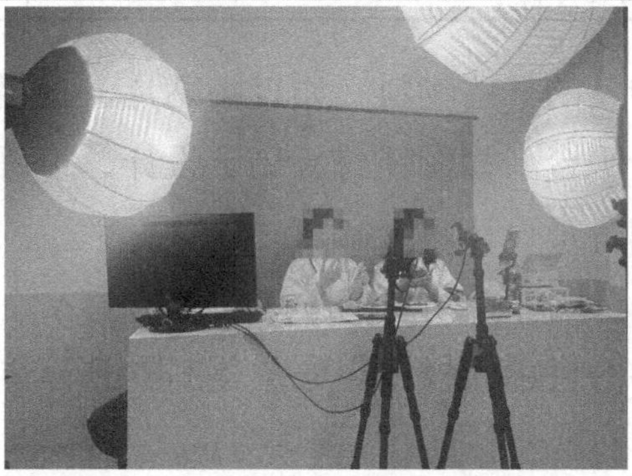 （直播间实景照片）

第三步：准备直播道具

团队结合本场直播脚本及主播讲解的需要，提前准备直播道具，如表 4-3-7 所示。

表 4-3-7　直播道具清单

道具类型	道具要求	举例	
直播贴片	（1）1 张直播间背景，采用古典中国风，体现直播主题 （2）3 款商品信息贴片（包括商品名称、图片、优惠及价格） （3）其他相关贴片（原产地视频、商品使用视频等）	商品优惠及价格	
		原产地视频	（截屏）
场景辅料	（1）1 张引导关注手卡 （2）1 张直播优惠活动介绍手卡 （3）3 款商品的资质证明物料（如中国老字号资质、中国地理标志产品专用标志等）		
背景音乐	比较舒缓的中国风音乐	《琵琶语》等	
讲解道具	（1）1 个热水壶 （2）2 个透明玻璃杯 （3）1 个碟子	—	

直播间道具涉及的一些物料（如直播贴片、直播手卡等）需要进行图片设计。可以使用一些在线图片设计平台（如图怪兽、稿定设计、可画等）进行设计制作。下面以图怪兽平台为例，讲解直播间背景设计。

（1）打开并登录图怪兽网站，在搜索栏中输入关键词，如"直播间背景"，在搜索结果中选择符合直播风格的直播间样板，如图 4-3-17 所示。

图 4-3-17　直播间样板

（2）选择直播间样板后，进入编辑页面。结合本场直播的主题，对直播间背景进行修改。可以在直播间背景上添加如下信息。

① 品牌背景图：可结合活动主题、福利信息、品牌背书等进行设计。

② 商品图：包括商品细节图、使用效果图等。

③ 视频：展示商品细节、使用效果、制作工艺、信任背书等。

（3）调整直播间背景布局，要充分考虑主播在画面中的位置，合理安排直播间背景信息分布，如图 4-3-18 和图 4-3-19 所示。主播一般不超过画面的 2/3，并且水平居中，主播两侧可以适当摆放活动贴片；此外，主播头顶留空 1/3，适合用来放品牌信息、直播主题、商品信息贴片等。

图 4-3-18　直播间布局示例

图 4-3-19　直播间背景布局示例

第四步：开播前测试

1. 网络测试

团队需在开播前对网络环境进行测试，如遇画面或声音卡顿等情况，需及时调整解决，确保稳定、流畅地完成直播。

2. 设备测试

直播前一天，团队要对计算机、摄像头、灯光、收音设备、推流软件等直播所需设备进行仔细检查。

3. 主播走位

对经验丰富的主播来说，日常的直播活动不用进行彩排，但是以下几种情况建议在直播前进行一次正式的彩排：带货经验不足的主播开播；较大型的直播活动（如"双11""618"等大型电商活动）、品牌周年直播；涉及多方人员出镜，如品牌方/商家出镜、嘉宾做客直播间等；走播，如户外直播、店铺直播、源头工厂直播等。

第五步：直播带货

一切准备就绪之后，团队需要在规定的时间按照直播脚本开启直播带货。一场直播的时长往往为好几个小时，如果直播商品较少，那么可以采取循环过款的方式进行，如把每场直播分成每30分钟一个循环。

单个商品讲解时长不宜过长或过短。场控需要配合主播控制时间，如通过倒计时或小黑板、临时插话等方式提醒主播。直播时间安排表如表4-3-8所示。

表4-3-8 直播时间安排表

时长	要点	主要内容
0～2分钟	互动留人	（1）问候用户，向直播间中的所有用户进行自我介绍，加深用户对主播的印象，对用户的到来表示欢迎和感谢。 （2）提醒用户关注，加入粉丝群
2～5分钟	介绍活动、树立人设	（1）告知用户本场直播的主题，预告本场商品，提醒用户关注爆款商品。 （2）通过活动福利为直播间圈粉，使用户建立信任感。 （3）依据商品组合情况，逐一介绍商品
5～25分钟	产品讲解、报价、促旺	（1）始终保持良好的精神面貌，充分展示商品的卖点和优势，挖掘用户痛点、消除用户的顾虑。 （2）尽管介绍商品是直播的核心，但是主播需要时刻关注用户的反应，包括评论、留言等
25～30分钟	互动留人	（1）在直播中不能只顾着卖货，而需要在日常多关注热点、收集趣味故事，在互动聊天时发起有趣的话题，引发用户共鸣，为自己圈粉。 （2）能够给用户带来参与感、满足感，吸引更多用户持续观看直播。 （3）可以通过发福利留人，如福袋、抽奖等

在直播过程中，团队需要密切关注各方面的数据指标，并记录直播数据。

知识锦囊

一、直播间的分类

要想做好一场直播,一个吸睛的直播间必不可少。用户刷到直播间时,决定他是否停留的重要因素之一就是直播画面是否悦目。因此,需要基于商品类型,选择合适的直播间类型并进行布置。

可以从以下 4 个角度出发对直播间进行分类。

1. 根据主播在直播间的表现形式

根据主播在直播间的表现形式,可将直播间分为站播直播间、坐播直播间、走播直播间,如图 4-3-20 所示。

图 4-3-20　站播直播间、坐播直播间、走播直播间示例

站播直播间适合服装、鞋帽、箱包等商品,有时需要多名主播同时出镜,此时需要的空间比较大,这样才能更好地进行商品展示。站播直播间一般要求 30 平方米以上,画面要有纵深感,足够饱满。

坐播直播间适合化妆品、美食、百货、珠宝首饰等商品。坐播直播间一般只需 10 平方米左右,主播坐于直播台前。直播台用于陈列商品。

走播直播间需要准备好直播手机、手持稳定器、可移动补光灯等。手持稳定器能够保证画面流畅稳定,不出现过度抖动情况。走播一般适合比较大的直播场景,如家具展示厅、户外市场等。

2. 根据背景的真实性

根据背景的真实性,可将直播间分为绿幕直播间和实景直播间。

绿幕直播又称抠像直播,在直播中,主播或物体在绿幕前,使用 OBS 软件对镜头捕捉到的视频进行处理,将绿幕背景替换为其他图像或视频,随意更换直播环境和场景,如图 4-3-21 所示。

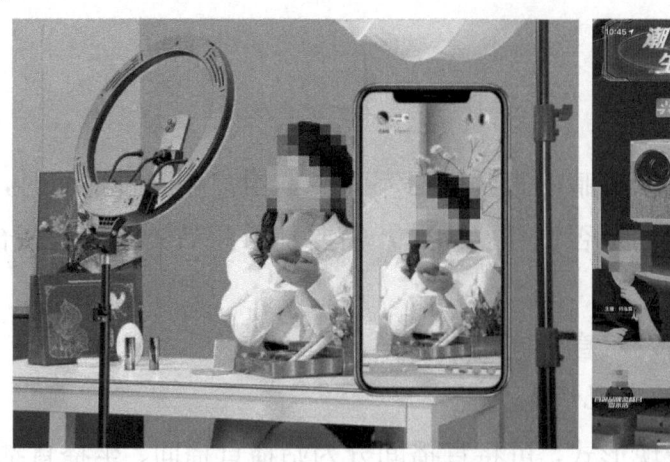

图 4-3-21　绿幕直播间示例

实景直播是指根据垂类产品的特点、使用场合等搭建调性匹配的场景，场景氛围感强，用户看直播时更有代入感，有利于吸引精准用户群体转化。例如，直播间销售的产品是优雅知性的女装，可以选择灯光柔和、装修淡雅的空间作为直播间场景；销售茶叶可以选择中式古典茶室；销售美食可以选择生活气息浓厚的厨房，如图 4-3-22 所示。

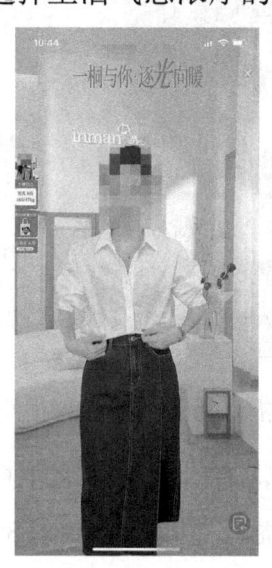

图 4-3-22　实景直播间示例

3. 根据是否真人出镜

根据是否真人出镜，可将直播间分为手播直播间、真人出镜直播间和手播+真人出镜直播间。

手播直播间以商品的特写展示为主，主播不出镜，可以对稿念话术，适合新主播，缓解直播紧张感，适合非颜值主播，但是要求手部好看，手型修长均匀、干净白皙，适当美甲也是加分项。这种直播的优点是不过度依赖主播；缺点是信任感弱一点，但可通过话术和背书弥补。像珠宝首饰、盲盒玩具等商品的直播间较多采用这种方式，如图 4-3-23 所示。

真人出镜直播间对主播的镜头感、表现力、形象气质有较高的要求，适合颜值主播、人设型主播及播感好的主播。真人出镜有助于主播拉近与用户之间的距离，建立信任感和亲和力，为直播间圈粉；缺点是细节展示能力相对弱一点，但可通过调整机位弥补，即需要展示细节的时候切换近景或特写。

手播+真人出镜直播间结合了手播直播间和真人出镜直播间的优势，画面更加丰富，既能展示商品细节，又方便主播与用户互动、展示效果，如图 4-3-24 所示。

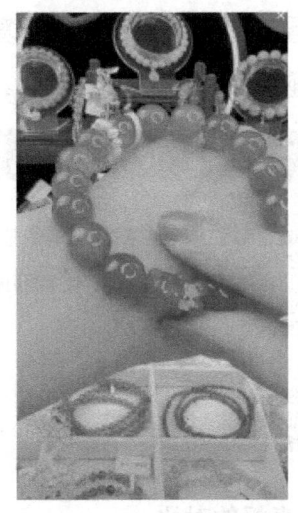 

图 4-3-23　手播直播间示例　　　　　图 4-3-24　手播+真人出镜直播间示例

4. 根据直播场地

根据直播场地，可将直播间分为室内直播间和户外直播间。

室内直播间的场地可以根据商品来选择，如可选择直播源头工厂、仓库、加工车间等，凸显商品的货真价实、性价比高，适合中低客价的商品；也可选择工作室、私人会所、办公室、家里的客厅等，能够给用户带来真实、接地气的感觉，从而建立信任；还可选择别墅酒店、专柜店铺等，营造一种高端大气上档次的感觉，如图 4-3-25 所示。

户外直播间可结合商品的类型和特征选择产地、街头等，如农产品选择原产地直播能够让用户更深入地了解商品，产生信任感；也可采用摆摊的街头直播方式，凸显性价比，但客单价一般不能太高，如服装、鞋包类；还可户外走播，如市场寻宝、跟商户砍价等，实现剧情带货，给用户一种有趣好玩的感觉，但需要提前做好功课，并且和商家沟通好商品价格，如图 4-3-26 所示。

图 4-3-25　室内直播间示例　　　　　　　　图 4-3-26　户外直播间示例

二、直播设备

直播时需要准备好拍摄设备、灯光设备、收音设备等。

拍摄设备可以选择运行流畅的手机或计算机，摄像头可以使用计算机自带的高清摄像头或专业摄像机等。选择手机直播时要注意尽量选择配置高的手机；选择计算机直播时建议使用台式计算机，能够使用绿幕技术让画面更加丰富有趣，如图 4-3-27 所示。

手机直播	计算机直播
优点： 1. 携带方便，随时随地可以直播 2. 自带摄像和收音功能，设备成本低 3. 抖音App自带直播功能，操作步骤简单 4. 看用户评论方便 缺点： 1. 长时间直播容易过热，散热功能不太好 2. 画面清晰度低 3. 容易曝光或有色差 4. 无法自定义画面素材 5. 无线网络不稳定，造成卡顿	优点： 1. 稳定性比较好，避免直播卡顿等情况 2. 直播画面采集清晰、专业 3. 可以添加图片和视频素材，让画面更有趣 4. 外接优质的音频、视频设备 5. 有线网络更稳定 缺点： 1. 移动不便，受限于场地 2. 配置要求高，否则影响推流 3. 设备采购成本比较高

图 4-3-27 手机直播和计算机直播的对比

灯光设备可以选择环形灯、柔光灯、球形灯等。

收音设备可以选择外置麦克风、专业的小蜜蜂（便携式无线麦克风）、录音笔等。

直播时，直播间设备、背景、网络等的选择与优化至关重要，需要特别注意。表 4-3-9 所示为直播间设备、背景、网络等的优化内容。

表 4-3-9 直播间设备、背景、网络等的优化内容

优化项目	优化内容
背景	多挑选一些背景备用，避免某些背景曝光过度
背景	搭建货架背景：商品在场景前方，要有重点地陈列商品（在屏幕中央的醒目位置），背景增加纵深感，展示更多商品
灯光	确保灯光光线均匀，不会造成过度曝光，可增加移动补光灯进行灯光位置、角度调节，保证整个直播间的灯光明亮，灯光要提前测试，确保背景不会过度曝光
收音	确保话筒收音清晰。建议用无线领夹麦和声卡+电容麦
网络	确保网络稳定。需提前测试好网络，避免出现直播中断情况；带宽至少要 30Mbps；备用 4G 网卡，避免 Wi-Fi 网络不稳定
画面	建议多角度直播，近景展示商品讲解画面，远景展示主播及展台，增加全身角度
手机	尽量选择配置高的手机

三、直播道具

在直播过程中，经常会借助一些小道具来提升直播间的氛围及带货效率。直播间常用道具的分类如下。

（1）直播间贴片。可以在直播间中用贴片展示直播的权益、购物建议、活动时间、礼品内容、爆款折扣、活动满减信息、主推商品、主播个人信息等。将这些贴片放在直播间画面上，可以让用户在进入直播间后对信息一目了然。

（2）场景辅料。场景辅料主要是指直播中需要提前准备的一些道具，如主题摆件、手牌、比较图、计算器、小黑板、计时器、抽奖箱等，用于辅助主播更好地进行商品讲解和互动引导。

（3）氛围音乐，如主题音乐、低价福利音乐、讲解音乐、催单音乐等。不同的音乐所代表的情绪不同，需要结合不同的商品、带货场景和时间点进行选择。例如，低价商品进行秒杀时，可以选择比较激昂的音乐，制造紧张气氛。

（4）讲解道具。要选择能够较好地展示商品卖点的道具，有效促进成交。例如，某商品的主要卖点是防水，则可以提前准备装水的盆，现场进行防水测试；销售不粘锅，可以提前准备炉子及食材，现场进行不粘锅炒菜测试。

直播道具展示如图 4-3-28 所示。

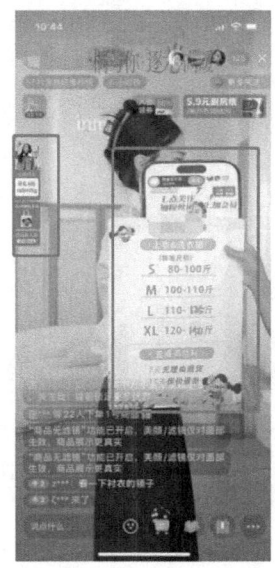   

图 4-3-28　直播道具展示

【练一练】

"我为家乡代言"团队将要开展一场以喀什特产为主题的直播。请你根据本场直播的主题和直播脚本，进行直播场景的布置、准备直播道具、进行直播带货。

直通职场

一个直播团队有哪些岗位？

通常来说，一个完整的直播团队大致包括 5～6 名人员，每个人的具体岗位各不相同，具体如下。

（1）主播 1 名：负责直播、互动、导购、策划等工作。

（2）助播 1 名：协助主播、策划、直播间预告等工作。

（3）场控 1 名：配合互动、释放权益、产品上/下架、直播间调试、三大后台管理等工作。

（4）策划1名：负责商品选择、促销脚本制作、内容制作和分发、直播脚本制作等工作。

（5）商务1名：负责商品整理、招商、佣金管理、对接店铺、商品信息整理等工作。

（6）数据分析1名：负责数据收集、数据分析、优化建议等工作。

在实际工作中，团队的人数不是固定不变的，需根据预算和规模设置。

思政园地

直播带货非法外之地

附录 A
活动工卡

活动工卡 1-1-1　了解新媒体

活动标题	了解新媒体				
组长		组名		组员	
活动情景描述	请你根据日常生活接触及课程内容所学,熟悉目前主流的新媒体平台,并仔细浏览各大平台的网站,分析各大平台的特色。				
活动目标	知识目标 ● 了解新媒体平台的特点; ● 认识各类出色的新媒体平台; ● 了解各大新媒体平台的发展现状和趋势。 技能目标 ● 能阐述新媒体与传统媒体的异同; ● 能列举几个常见的新媒体平台; ● 能简单描述新媒体的发展现状。 素养目标 ● 提升学生的观察能力; ● 提升学生的总结思考能力。				
知识学习					

1. 新媒体的概念。

2. 新媒体的特点。

3. 列举几个主流的新媒体平台。

4. 新媒体的发展历程。

5. 新媒体的发展趋势。

6. 新媒体的优势。

活动实施

1. 利用网络搜索引擎查找目前市面上有哪些媒体。

市面上常见的媒体

媒体类型	主要信息	展示形式	用户是否可以选择要查看的信息	用户是否可以编辑设计内容

2. 分析新媒体与传统媒体的异同，并说明理由。

新媒体与传统媒体的异同

目标点	新媒体	传统媒体	理由
平台			
信息表达形式			
与用户的关系			

3. 列举你熟悉的新媒体平台的主要信息和展示形式。

新媒体平台

新媒体平台	主要信息	展示形式

续表

活动总结						
通过完成上述活动，你学到了哪些知识或获得了哪些技能？							
评价反馈						
序号	评价内容	评价标准	分值	自评	互评	师评
1	知识学习质量	对"知识学习"部分 6 个问题的回答是否准确	40			
2	信息工具应用	使用信息工具的频率及熟练度	40			
3	职业素养考核	团队合作、人际沟通、责任意识、服务意识、态度端正、精益求精的态度	20			
		合计				
总分		自评（20%）+互评（20%）+师评（60%）=			教师签名：	

活动工卡 1-1-2　了解新媒体内容的形式和特点

活动标题	了解新媒体内容的形式和特点				
组长		组名		组员	
活动情景描述	目前市面上的新媒体平台层出不穷。为了深入了解新媒体运营等相关岗位的工作内容及能力需求，需要求职者进一步深入地查看各大平台的特点，并收集相关资料。请你以求职者的身份搜索并整理相关信息。				
活动目标	知识目标 ● 了解新媒体内容的形式； ● 了解新媒体内容的特点； ● 了解新媒体平台的分类； ● 了解各类新媒体平台的特点及应用。 技能目标 ● 能准确判断各种内容的形式； ● 能根据要求选择合适的内容表现形式； ● 能区分各类新媒体平台； ● 能简单应用各类新媒体平台发布内容。 素养目标 ● 提升学生对汉字、对民族文化的兴趣； ● 提升学生的文化自信和民族自信； ● 提升学生的自我探究能力； ● 提升学生对各类新媒体的应用能力。				
知识学习					

1. 新媒体内容有哪些表现形式？

2. 新媒体内容表现形式是否单一？举例说明。

3. 新媒体内容表现形式中，文案的分类有哪些？

续表

活动实施

1. 分析主要平台的内容表现形式并截图，在班内展示。

平台内容表现形式

内容表现形式	平台		
	微博	小红书	抖音
文案			
图片			
音频			
视频			
直播			
VR			
小程序			

2. 根据新媒体内容表现形式，分析各种内容的具体组成要素，感知文字在新媒体内容展示中的必要性和重要性并截图，在班内展示。

新媒体内容表现形式

内容表现形式	案例
纯文字	
图文结合	
文案与音频结合	
文案与视频结合	
文案与直播结合	
文案与VR结合	
文案与小程序结合	

活动总结
通过完成上述活动，你学到了哪些知识或获得了哪些技能？

评价反馈						
序号	评价内容	评价标准	分值	自评	互评	师评
1	知识学习质量	对"知识学习"部分3个问题的回答是否准确	40			
2	信息工具应用	使用信息工具的频率及熟练度	40			
3	职业素养考核	团队合作、人际沟通、责任意识、服务意识、态度端正、精益求精的态度	20			
		合计				
总分		自评（20%）+互评（20%）+师评（60%）=		教师签名：		

活动工卡 1-2-1　了解岗位的工作内容

活动标题	了解岗位的工作内容				
组长		组名		组员	
活动情景描述	为接下来面试新媒体编辑岗位做准备。作为一名即将毕业的中职电子商务专业学生,可以通过什么渠道了解该岗位的应聘条件和工作职责?如何根据需求提高自身的能力,以充分胜任该项工作?				
活动目标	知识目标 ● 了解新媒体编辑的岗位职责; ● 了解新媒体编辑的岗位要求。 技能目标 ● 能够通过招聘网站多方位了解新媒体编辑岗位的工作职责和要求。 素养目标 ● 培养学生的社会责任感,树立正确的价值观。				
知识学习					
经过对比招聘企业对新媒体编辑岗位的工作职责和要求,谈一谈要想胜任该项工作,你还需要提升哪些技能。					
活动实施					

1. 登录前程无忧和智联招聘网站,搜索"新媒体编辑",记录岗位信息的数量。

新媒体编辑招聘信息

网站	岗位信息数量
前程无忧	
智联招聘	

2. 选择至少 6 家企业,分析它们对新媒体编辑岗位的需求。

新媒体编辑岗位需求分析

企业名称	主营业务	岗位职责	专业要求	应聘条件	薪资待遇

3. 总结新媒体编辑岗位对专业的要求,以及新媒体编辑岗位的工作职责和要求。

续表

活动总结							
通过完成上述活动,你学到了哪些知识或获得了哪些技能?							
评价反馈							
序号	评价内容	评价标准		分值	自评	互评	师评
1	岗位需求分析	完成 6 家以上企业的信息对比,并完成表格的填写		40			
2	技能审查	知道要胜任该项工作需要掌握的技能		30			
3	职业素养考核	社会责任感、人际沟通、价值观、团队合作等		30			
合计							
总分	自评(20%)+互评(20%)+师评(60%)=				教师签名:		

活动工卡 1-2-2 了解岗位的能力要求

活动标题	了解岗位的能力要求				
组长		组名		组员	
活动情景描述	每个岗位都有对应的职业道德和法律法规要求。作为新媒体行业的未来从业者,我们需要提前了解相关要求和规定,并完成自我修炼,确保能成为一名合格的甚至优秀的职业人。				
活动目标	知识目标 ● 了解新媒体编辑的职业能力和素养; ● 掌握新媒体编辑的职业道德和法律法规。 技能目标 ● 能够运用新媒体编辑岗位的职业能力完成相关工作。 素养目标 ● 培养学生的政治素养、法律素养、文化素养、新媒体素养等新媒体编辑所需要具备的职业素养; ● 培养学生的法律法规意识。				

知识学习

1. 罗列新媒体编辑的职业能力。

2. 罗列新媒体编辑所需要的职业素养。

活动实施

1. 以小组为单位,每个小组了解至少 3 家企业的新媒体编辑岗位的情况,完成新媒体编辑岗位的工作职责和工作内容分析表。

新媒体编辑岗位的工作职责和工作内容分析表

企业名称	所属行业	主营业务	部门职责	编辑职责	工作内容

续表

2. 作为未来的新媒体职业人，你认为新媒体编辑岗位应该具有哪些职业素养？为什么？（论述题，300字左右）

活动总结						
通过完成上述活动，你学到了哪些知识或获得了哪些技能？						
评价反馈						
序号	评价内容	评价标准	分值	自评	互评	师评
1	新媒体编辑岗位的工作职责和工作内容分析	完成3家以上企业的信息对比，并完成表格的填写	40			
2	素养审查	谈一谈要胜任该项工作需要具备的素养	30			
3	职业素养考核	政治素养、法律素养、法律法规意识等	30			
合计						
总分	自评（20%）+互评（20%）+师评（60%）=			教师签名：		

活动工卡 2-1-1　小红书图文标题撰写

活动标题	小红书图文标题撰写				
组长		组名		组员	
活动情景描述	要想写出爆款标题，可以从模仿开始。请搜索关于 3CE 口红的 5 个爆款标题，分析标题内容，自己仿写一个小红书标题。				
活动目标	知识目标 ● 了解什么是"10-3-1 聚焦法"； ● 掌握标题吸睛的"8 种模式"和标题撰写的"4 步法"； ● 掌握封面标题撰写的"3 段式法"。 技能目标 ● 能够运用"10-3-1 聚焦法"完成爆款标题收集； ● 能够根据"8 种模式"或"4 步法"完成标题撰写； ● 能够利用"3 段式法"完成封面标题撰写。 素养目标 ● 增强学生坚持原创、不抄袭的版权意识； ● 提高学生对美的鉴赏能力，培养学生的美学素养。				
知识学习					

1. 什么是"10-3-1 聚焦法"？

2. 标题吸睛的"8 种模式"包括哪些？

3. 什么是标题撰写的"4 步法"？

4. 什么是封面标题撰写的"3 段式法"？

续表

活动实施

1. 建立个人爆款标题库,填写到爆款图文笔记收集表中。

爆款图文笔记收集表

序号	标题	关键词	点赞数	收藏数	评论数	我的标题
1						
2						
3						
4						
5						

2. 运用"4步法"完成封面标题撰写。

步骤一:从以上爆款标题中找出数据最好的两篇爆款笔记。

步骤二:提取其中的关键词。

步骤三:结合提取的关键词,形成自己的标题。

步骤四:加上表情符号,提高辨识度,形成最终的标题。

3. 运用"3段式法"完成封面标题撰写。

模仿书中的案例,结合找到的爆款图文,运用"3段式法"写出一个封面标题。

第一段:

第二段:

第三段:

续表

封面标题：						
活动总结							
通过完成上述活动，你学到了哪些知识或获得了哪些技能？							
评价反馈							
序号	评价内容	评价标准	分值	自评	互评	师评
1	爆款图文标题收集表	能够准确收集到同领域的10个爆款图文标题	20			
2	用"4步法"完成标题撰写	写出的标题符合"4步法"的要求	30			
3	用"3段式法"完成封面标题撰写	完成的封面标题符合"3段式法"	30			
4	职业素养考核	团队合作、人际沟通、诚信意识、精益求精的态度	20			
		合计				
总分	自评（20%）+互评（20%）+师评（60%）=			教师签名：		

活动工卡 2-1-2　小红书配图制作

活动标题	小红书配图制作				
组长		组名		组员	
活动情景描述	完成了 3CE 口红小红书标题创作之后，需要进行配图的制作。请根据封面和内页图的设计标准为该文案设计配图。				
活动目标	知识目标 ● 了解什么是爆款封面； ● 知道图片处理网站和 App； ● 掌握封面和内页图的特点； ● 掌握封面设计要点。 技能目标 ● 能够运用图片处理工具完成小红书配图制作； ● 能够制作出符合平台要求的图片。图片必须为原创的。 素养目标 ● 增强学生坚持原创、不抄袭的版权意识； ● 提高学生对美的鉴赏能力，培养学生的美学素养； ● 锻炼学生自主动手、积极思考的能力。				
知识学习					
1. 封面的特点有哪些？ 2. 封面设计要点是什么？ 3. 内页图的特点有哪些？ 4. 请罗列出常见的图片处理网站和 App。					
活动实施					
根据所提供的商品图片和文案素材，运用 Photoshop 或美图秀秀等工具，按照前面介绍的步骤完成 3CE 口红小红书笔记封面和内页图的制作。 要求： （1）封面使用图片+大标题形式，关键词精准，文字辨识度高； （2）内页图可以拼图、抠图、单图等形式呈现； （3）封面和内页图的风格保持一致，且符合商品风格。					

续表

活动总结						
通过完成上述活动，你学到了哪些知识或获得了哪些技能？							
评价反馈						
序号	评价内容	评价标准	分值	自评	互评	师评
1	封面制作	关键词精准，文字辨识度高，图片清晰	35			
2	内页图制作	图片清晰，以拼图、抠图、单图等形式呈现，风格统一	35			
3	职业素养考核	团队合作、人际沟通、审美意识、自主动手能力	30			
		合计				
总分		自评（20%）+互评（20%）+师评（60%）=			教师签名：	

活动工卡 2-1-3　小红书正文写作

活动标题	小红书正文写作				
组长		组名		组员	
活动情景描述	根据 3CE 口红小红书标题、配图的设计，按小红书正文写作要求，为产品写合适的正文。				
活动目标	知识目标 ● 了解小红书正文写作的法则； ● 掌握小红书内容排版的注意事项； ● 掌握小红书风格文案生成器的使用。 技能目标 ● 能够结合小红书正文写作的法则写出符合用户需求的种草文案； ● 能够使用小红书风格文案生成器写出种草文案，并对其进行修改优化，使其内容丰富、排版精美。 素养目标 ● 增强学生坚持原创、不抄袭的版权意识； ● 提高学生对美的鉴赏能力，培养学生的美学素养； ● 锻炼学生自主动手、积极思考的能力； ● 培养学生精益求精的工匠精神。				

知识学习
1. 小红书正文写作的法则有哪些？   2. 人工所写的正文和生成器生成的正文有什么区别？生成器能否代替人工完成种草文案的撰写？

活动实施
根据所提供的商品图片和文案素材，结合已经完成的标题、封面和内页图，完成小红书正文写作。 要求： （1）有关键词、强调词； （2）添加适当的表情符号； （3）使用空行分段，要求排版精美，字数合理。

续表

活动总结						
通过完成上述活动，你学到了哪些知识或获得了哪些技能？						

评价反馈						
序号	评价内容	评价标准	分值	自评	互评	师评
1	正文排版	正文使用合适的表情符号、段落清晰、内容丰富但不冗长	70			
2	职业素养考核	诚信意识、审美意识、自主动手能力、独立思考能力、精益求精的工匠精神	30			
		合计				
总分	自评（20%）+互评（20%）+师评（60%）=			教师签名：		

活动工卡 2-2-1　微信公众号推文标题写作

活动标题	微信公众号推文标题写作				
组长		组名		组员	
活动情景描述	为加速 3CE 口红的推广，企业要求在微信公众号上推送相关文案。请你为微信公众号推文拟定合适的标题。				
活动目标	知识目标 ● 了解微信公众号推文标题写作的注意事项； ● 了解优秀微信公众号推文标题的特点； ● 掌握微信公众号推文标题写作的技巧。 技能目标 ● 能够根据企业产品编写微信公众号推文标题。 素养目标 ● 培养学生认真负责的工作态度； ● 培养学生的版权意识和创新意识。				
知识学习					

1. 微信公众号推文标题写作的注意事项是什么？

2. 优秀微信公众号推文标题有哪些特点？

3. 微信公众号推文标题写作的技巧有哪些？

活动实施

1. 对 3CE 口红进行分析，填写产品分析与推文主题设计表。

产品分析与推文主题设计表

产品分析	优点	
	缺点	
	卖点	
用户痛点		
主题（中心思想）		

2. 填写推文标题写作表。

推文标题写作表

标题类型/技巧	
标题	

续表

活动总结						
通过完成上述活动，你学到了哪些知识或获得了哪些技能？							

评价反馈						
序号	评价内容	评价标准	分值	自评	互评	师评
1	产品分析	产品优缺点分析全面、清晰，产品卖点提炼准确，用户痛点分析到位	20			
2	推文主题设计	根据产品分析设计主题，中心思想表述明确、合理	10			
3	推文标题写作	合理运用文章标题技巧，主题、中心思想表述准确且有吸引力	50			
4	职业素养考核	团队合作、人际沟通、责任意识、服务意识、态度端正、精益求精的态度	20			
		合计				
总分	自评（20%）+互评（20%）+师评（60%）=			教师签名：		

活动工卡 2-2-2　微信公众号推文创作

活动标题	微信公众号推文创作				
组长		组名		组员	
活动情景描述	在拟好主题后，请你结合 3CE 口红的卖点，根据微信公众号推文写作技巧，列出推文大纲，完成具体的正文内容写作，并根据内容配好插图。				
活动目标	知识目标 ● 了解什么是微信公众号推文； ● 认识微信公众号推文的写作策略； ● 清楚带货推文的写作框架与技巧。 技能目标 ● 能够独立进行微信公众号推文写作。 素养目标 ● 培养学生精益求精的工匠精神； ● 培养学生的逻辑思维能力和想象力。				

知识学习

1. 什么是微信公众号推文？

2. 微信公众号推文的写作策略有哪些？

3. 带货推文的写作框架与技巧是什么？

活动实施

1. 进行推文内容大纲设计。

推文内容大纲设计

文章部分	内容大纲
开头	
正文	
结论	
结尾	

2. 推文正文写作。

	活动总结					
通过完成上述活动,你学到了哪些知识或获得了哪些技能?						

		评价反馈				
序号	评价内容	评价标准	分值	自评	互评	师评
1	微信公众号推文大纲设计	推文结构完整,主题突出,逻辑流畅自然	30			
2	微信公众号推文正文写作	推文主题明确、逻辑清晰,运用技巧自然导入产品推广,产品卖点阐述具体,有一定说服力,结尾有导购设计	50			
3	职业素养考核	团队合作、人际沟通、责任意识、服务意识、态度端正、精益求精的态度	20			
		合计				
总分	自评(20%)+互评(20%)+师评(60%)=			教师签名:		

活动工卡 2-3-1　H5 文案内容创作

活动标题	H5 文案内容创作			
组长		组名		组员
活动情景描述	3CE 口红热销,企业准备趁热打铁,趁机做品牌及其他产品的宣传。请你编写 H5 文案。			
活动目标	知识目标 ● 认识什么是 H5; ● 了解 H5 文案写作要点。 技能目标 ● 能够根据企业给出的活动信息及要求设计 H5 文案每页的内容; ● 能独立完成发布会邀请函 H5 文案内容制作。 素养目标 ● 培养学生认真负责的工作态度、责任意识; ● 培养学生精益求精的工匠精神; ● 增强学生对中华优秀传统文化的民族自豪感。			
知识学习				

1. 什么是 H5?

2. H5 文案标题类型有哪些?

3. H5 文案内容的写作要点有哪些?

活动实施

1. 对企业提供的信息进行整理,填写发布会邀请函 H5 文案内容规划信息。

发布会邀请函 H5 文案内容规划

H5 页面序号	内容规划
第 1 页	
第 2 页	

续表

H5 页面序号	内容规划
第 3 页	
第 4 页	
第 5 页	
第 6 页	
第 7 页	
第 8 页	
第 9 页	

2. 对企业资料信息进行整理,填写发布会邀请函 H5 文案内容创作信息。

发布会邀请函 H5 文案内容创作

H5 页面序号	文案内容
第 1 页	标题: 内容:
第 2 页	标题: 内容:
第 3 页	标题: 内容:
第 4 页	标题: 内容:
第 5 页	标题: 内容:
第 6 页	标题: 内容:
第 7 页	标题: 内容:

续表

H5 页面序号	文案内容
第 8 页	标题： 内容：
第 9 页	标题： 内容：

活动总结
通过完成上述活动，你学到了哪些知识或获得了哪些技能？

评价反馈							
序号	评价内容	评价标准	分值	自评	互评	师评	
1	发布会邀请函 H5 文案内容规划表	内容规划合理，围绕主题，前后内容关联，前后顺序设计恰当	40				
2	发布会邀请函 H5 文案内容创作表	主题明确，内容条理清晰、信息齐全、表达准确、有侧重点	40				
3	职业素养考核	团队合作、人际沟通、责任意识、服务意识、态度端正、精益求精的态度	20				
		合计					
总分	自评（20%）+互评（20%）+师评（60%）=					教师签名：	

活动工卡 3-1-1　短视频账号分析

活动标题	短视频账号分析				
组长		组名		组员	
活动情景描述	选择一个美食类抖音账号进行系统性分析,为后续的内容策划、创作及运营提供坚实的方向指引,确保产出内容契合账号定位,实现流量转化与粉丝增长目标。				
活动目标	知识目标 ● 理解进行账号定位、人设打造的意义; ● 理解用户画像的内涵。 技能目标 ● 能够分析一个抖音账号,制作账号分析表; ● 能够使用数据分析平台准确地构建用户画像。 素养目标 ● 培养学生具有敏锐的用户至上的营销思维; ● 培养学生认真负责的工作态度、责任意识。				

知识学习

1. 什么是账号定位?

2. 短视频账号人设可以通过什么方式表现?

3. 什么是用户画像?用户画像包括哪些元素?

活动实施

1. 对一个美食类抖音账号的内容进行分析,填写分析结果。

账号分析表

账号名称	
账号类型 (企业号/个人号)	
账号粉丝数	
账号点赞数	
内容类型	
人设特征	

2. 构建用户画像，填写用户画像信息。

用户画像信息

性别：
年龄：
地域：
粉丝活跃时间：
用户互动特征：
粉丝消费特征：

活动总结

通过完成上述活动，你学到了哪些知识或获得了哪些技能？

评价反馈

序号	评价内容	评价标准	分值	自评	互评	师评
1	账号分析表	能够准确分析账号的定位及人设特征	40			
2	用户画像	使用工具准确构建账号的用户画像	40			
3	职业素养考核	团队合作、人际沟通、责任意识、服务意识、态度端正、精益求精的态度	20			
		合计				
总分		自评（20%）+互评（20%）+师评（60%）=		教师签名：		

活动工卡 3-1-2　短视频内容策划

活动标题	短视频内容策划				
组长		组名		组员	
活动情景描述	要创作出好的视频内容，必须根据账号定位进行选题策划，确定短视频内容的类型、表现形式和创作方法，完成美食类账号的短视频内容策划。				
活动目标	知识目标 ● 认识短视频内容的类型和表现形式； ● 理解短视频选题策划方法； ● 理解短视频内容创作方法。 技能目标 ● 能够根据账号定位，确定短视频内容的表现形式，策划短视频选题。 素养目标 ● 培养学生具有敏锐的用户至上的营销思维； ● 培养学生精益求精的工匠精神。				
知识学习					

1. 短视频内容的类型有哪些？

2. 短视频内容的表现形式有哪些？

3. 短视频选题策划方法有哪些？

4. 短视频内容的创作方法有哪些？

活动实施

1. 对前述美食类账号的内容进行分析，填写分析结果。

账号内容分析表

账号名称	
短视频内容的类型	
短视频内容的表现形式	

续表

2. 填写对前述美食类短视频内容的分析情况。

短视频内容分析表

内容类型	
内容表现形式	
选题策划方法	
内容创作方法	

活动总结						
通过完成上述活动，你学到了哪些知识或获得了哪些技能？						

评价反馈						
序号	评价内容	评价标准	分值	自评	互评	师评
1	短视频内容的类型和表现形式	能够准确分析账号的短视频内容的类型和表现形式	40			
2	短视频选题策划方法和内容创作方法	能够分析账号的定位，确定短视频选题策划方法和内容创作方法	40			
3	职业素养考核	团队合作、人际沟通、责任意识、服务意识、态度端正、精益求精的态度	20			
		合计				
总分	自评（20%）+互评（20%）+师评（60%）=			教师签名：		

活动工卡 3-2-1　短视频脚本制作

活动标题	短视频脚本制作				
组长		组名		组员	
活动情景描述	从中式点心、西式甜品、街边小吃等美食类型中挑选一款你钟爱的美食,如酥脆金黄的油条、绵密丝滑的提拉米苏、香气四溢的烤冷面,结合该美食的特色、制作亮点或独特吃法,完成一个 15 秒的短视频脚本制作。				
活动目标	知识目标 ● 了解短视频脚本制作的前期准备; ● 认识短视频脚本的不同类型。 技能目标 ● 能够根据不同的短视频内容选择合适的脚本类型; ● 能够根据选题制作短视频脚本。 素养目标 ● 培养学生具有敏锐的用户至上的营销思维; ● 培养学生认真负责的工作态度、责任意识。				
知识学习					

1. 短视频脚本制作前期应该做什么准备?

2. 短视频拍摄常用的脚本有哪几种?

3. 在什么情况下适用拍摄大纲、文学脚本和分镜头脚本?

活动实施

1. 根据短视频的策划内容,填写一个 15 秒的短视频的脚本信息。

脚本信息

账号名称	
拍摄内容形式定位	
确定拍摄主题	
确定拍摄时间	
确定拍摄地点	
确定拍摄参照物	

2. 根据确定的短视频内容，制作分镜头脚本。

分镜头脚本

镜号	景别	人物	画面内容	时长	拍摄方式	台词	音效

活动总结

通过完成上述活动，你学到了哪些知识或获得了哪些技能？

评价反馈

序号	评价内容	评价标准	分值	自评	互评	师评
1	短视频脚本制作的前期准备	能够根据短视频内容，提前准备短视频脚本	40			
2	分镜头脚本制作	能够制作短视频的分镜头脚本	40			
3	职业素养考核	团队合作、人际沟通、责任意识、服务意识、态度端正、精益求精的态度	20			
		合计				
总分		自评（20%）+互评（20%）+师评（60%）=		教师签名：		

活动工卡 3-2-2　短视频拍摄

活动标题	短视频拍摄			
组长		组名	组员	
活动情景描述	在完成 15 秒美食短视频拍摄脚本创作后，请根据已确定的脚本内容，围绕场景布置、食材与道具准备、拍摄设备调试、人员分工等方面，系统规划并执行短视频拍摄前的各项准备工作，确保拍摄过程顺利、高效，为呈现优质的美食短视频奠定基础。			
活动目标	知识目标 ● 认识短视频拍摄工具； ● 理解拍摄构图技巧和运镜技巧； ● 了解拍摄画面的景别。 技能目标 ● 能够根据拍摄脚本完成短视频的拍摄。 素养目标 ● 培养学生认真负责的工作态度、责任意识； ● 培养学生精益求精的工匠精神。			

知识学习

1. 短视频的拍摄工具有哪些？

2. 拍摄构图技巧有哪些？

3. 拍摄画面的景别有哪些？

4. 拍摄的运镜技巧有哪些？

活动实施

1. 根据确定的拍摄脚本，确定短视频拍摄前的准备内容。

短视频拍摄前的准备内容

准备内容	备注
梳理拍摄脚本	
确定场景要求	
确定不同场景的拍摄技巧	
预估完成拍摄时间	

续表

2. 完成拍摄前的准备后，依据拍摄流程完成短视频拍摄，在班内展示。						
活动总结							
通过完成上述活动，你学到了哪些知识或获得了哪些技能？						
评价反馈							
序号	评价内容	评价标准	分值	自评	互评	师评
1	短视频拍摄前的工作准备	能够准确运用拍摄构图、拍摄角度和运镜技巧等	40			
2	短视频拍摄	使用工具拍摄短视频	40			
3	职业素养考核	团队合作、人际沟通、责任意识、服务意识、态度端正、精益求精的态度	20			
		合计				
总分	自评（20%）+互评（20%）+师评（60%）=				教师签名：	

活动工卡 3-3-1　短视频后期剪辑

活动标题	短视频后期剪辑			
组长		组名		组员
活动情景描述	基于已拍摄的素材，系统开展短视频剪辑前的各项筹备工作，以保障剪辑流程流畅，助力打造符合脚本创意、富有吸引力的美食短视频。			
活动目标	知识目标 ● 了解短视频后期剪辑的流程； ● 结合剪映 App，掌握短视频剪辑的要点。 技能目标 ● 能够利用手机上的剪辑软件完成短视频的剪辑。 素养目标 ● 培养学生具有敏锐的用户至上的营销思维； ● 培养学生认真负责的工作态度、责任意识。			
知识学习				

1．短视频后期剪辑的流程是什么？

2．在剪映 App 中，有哪些短视频剪辑功能？

活动实施

1．短视频剪辑前的准备。

根据已拍摄的素材，确定短视频剪辑前的准备内容。

短视频剪辑前的准备内容

准备内容	备注
梳理拍摄素材	
甄选合适的镜头	
分割与拼接短视频	
添加背景、转场、字幕和背景音乐	

2．完成后期剪辑。

做好短视频剪辑前的准备后，依据流程完成短视频剪辑，在班内展示。

活动总结

通过完成上述活动，你学到了哪些知识或获得了哪些技能？

续表

评价反馈						
序号	评价内容	评价标准	分值	自评	互评	师评
1	短视频剪辑前的准备	能够准确分析脚本和甄选合适的镜头	40			
2	短视频剪辑	能够使用剪映 App 完成短视频剪辑	40			
3	职业素养考核	团队合作、人际沟通、责任意识、服务意识、态度端正、精益求精的态度	20			
合计						
总分	自评（20%）+互评（20%）+师评（60%）=			教师签名：		

附录 A 测试工单

测试

| | | | | | 合计 | | |

活动工卡 4-1-1　直播选品

活动标题	直播选品				
组长		组名		组员	
活动情景描述	为了取得良好的直播效果，请在进行数据分析的基础上，选择几款你喜欢的商品，进行直播选品。				
活动目标	知识目标 ● 了解直播商品的类型及各种类型商品的特征； ● 熟悉两种直播排品方法。 技能目标 ● 能够使用数据化的方法进行选品； ● 能够通过商品测试选择适合直播间销售的商品； ● 能够根据直播排品方法制作直播排品表。 素养目标 ● 遵守法律底线、遵循平台规则，具有法治、规则意识。				
知识学习					
1. 直播商品有哪些分类？ 2. 直播排品方法有哪两种？					
活动实施					
1. 进行数据化选品。 （1）使用第三方数据平台分析账号的用户画像。 （2）使用第三方数据平台分析用户需求。 （3）使用第三方数据平台分析商品直播销售情况，选择直播商品。 2. 进行商品测试（对选择的直播商品进行测试，排除不合格的直播商品），记录合格与不合格商品。					

续表

3. 填写直播排品表。

直播排品表

链接	商品名称	商品类目	规格	成本价/元	日常价/元	直播价/元	产品定位

活动总结
通过完成上述活动,你学到了哪些知识或获得了哪些技能?

评价反馈

序号	评价内容	评价标准	分值	自评	互评	师评
1	数据化选品	能够使用第三方数据工具进行数据化选品	40			
2	商品测试	能够对商品进行测试,选择符合要求的商品	30			
3	直播排品	能够根据直播排品方法制作直播排品表	10			
4	职业素养考核	团队合作、人际沟通、责任意识、服务意识、态度端正、精益求精的态度	20			
		合计				
总分		自评(20%)+互评(20%)+师评(60%)=		教师签名:		

活动工卡 4-2-1　整场直播脚本制作

活动标题	整场直播脚本制作			
组长		组名		组员
活动情景描述	在本活动中，团队需要根据比赛要求，以农产品为主题设计直播流程，制作整场直播脚本。			
活动目标	知识目标 ● 理解直播脚本的作用； ● 了解整场直播脚本的要素。 技能目标 ● 能够根据直播的要求确定直播脚本要素的内容； ● 能够根据直播的要求制作整场直播脚本。 素养目标 ● 培养学生心系家乡、发展家乡的乡土情怀； ● 培养学生对中华优秀传统文化的认同感； ● 培养学生在团队合作中的沟通、协作能力。			

知识学习

1. 直播脚本有什么作用？

2. 整场直播脚本的要素有哪些？

3. 直播流程包括哪些环节？

活动实施

1. 团队仔细研究场外直播赛的要求，讨论分析农产品专场直播的主题、目标，确定直播时间、人员安排、直播活动机制，确定整场直播脚本要素。

整场直播脚本要素

直播主题	
直播目标	
直播时间	
主播、助播	

续表

人员分工	
直播活动机制	
注意事项	

2. 团队根据本场直播时长要求,对本场直播流程进行规划,合理分配时间,填写整场直播流程。

整场直播流程

时间段	流程	主播	场控	重点

续表

活动总结						
通过完成上述活动，你学到了哪些知识或获得了哪些技能？							
评价反馈						
序号	评价内容	评价标准	分值	自评	互评	师评
1	确定整场直播脚本要素	能够根据直播项目的要求确定直播脚本要素的内容	40			
2	确定直播流程	能够根据直播项目的要求制作整场直播脚本	40			
3	职业素养考核	团队合作、人际沟通、文化认同	20			
合计							
总分	自评（20%）+互评（20%）+师评（60%）=					教师签名：	

活动工卡 4-2-2　单品直播脚本制作

活动标题	单品直播脚本制作				
组长		组名		组员	
活动情景描述	在本场直播中选择了3种农产品，也已完成了整场直播脚本的设计，现需主播主导，设计其中1种农产品的单品直播脚本，旨在将商品特性、用户需求与营销话术深度融合。				
活动目标	知识目标 ● 理解单品直播脚本的意义； ● 了解单品直播脚本五步法。 技能目标 ● 能够根据商品信息分析商品卖点，制作单品直播脚本。 素养目标 ● 培养学生心系家乡、发展家乡的乡土情怀； ● 培养学生的法律意识，遵守法律法规及平台规则，不虚假宣传。				
知识学习					
单品直播脚本五步法的内容是什么？					
活动实施					

1. 仔细查看本场直播选择的3种农产品的信息，对其进行卖点分析，填写商品信息卡。

商品信息卡

序号	品类	主图	商品名称	规格	商品信息	日常价/元	直播价/元	库存	生产日期	保质期

2. 请结合商品信息卡，从中选择1种农产品进行分析，制作单品直播脚本。

单品直播脚本

产品		
步骤	脚本	话术
1. 提出痛点，挖掘需求，圈定人群		
2. 提供解决方案，引出卖点		
3. 商品试用体验		
4. 增强信任		
5. 引导消费		

续表

活动总结						
通过完成上述活动，你学到了哪些知识或获得了哪些技能？							

评价反馈						
序号	评价内容	评价标准	分值	自评	互评	师评
1	查看商品信息	能够分析商品信息表，从中获取有用信息	30			
2	制作单品直播脚本	能够根据商品信息制作单品直播脚本	50			
3	职业素养考核	具有法律意识，制作的脚本符合法律规范	20			
	合计					
总分	自评（20%）+互评（20%）+师评（60%）=				教师签名：	

活动工卡 4-3-1 直播预热

活动标题	直播预热				
组长		组名		组员	
活动情景描述	进行直播预热,吸引用户进入直播间。需向用户提前说明直播内容,让对直播主题感兴趣的用户提前做好准备,在直播开始时及时进入直播间,从而提高直播间的在线人数。				
活动目标	知识目标 ● 了解直播预热渠道; ● 了解直播预热需要准备的物料。 技能目标 ● 能够选择合适的直播渠道进行预热; ● 能够根据不同的直播渠道制作合适的直播预热物料。 素养目标 ● 培养学生的团队协作能力与合作意识; ● 培养学生的法律意识,遵守法律法规及平台规则; ● 培养学生的审美能力,创作的内容不低俗、审美取向符合社会主义核心价值观。				

知识学习

1. 直播预热渠道有哪些?

2. 直播预热主要物料类型有哪些?

3. 预热文案的写作技巧有哪些?

4. 预热图片有哪些类型?

5. 预热视频的制作技巧有哪些?

活动实施

1. 小组讨论,根据直播主题选择直播预热渠道,并结合不同渠道的特点,制定直播预热方案。

直播预热方案

直播主题				
直播时间		直播平台		
预热渠道	所需物料	注意要点	发布时间	

请在直播之前发布直播预告,并且对预告进行分享。

续表

2．准备直播预热物料，包括直播标题、直播封面、预热文案、预热海报等。

（1）撰写直播标题。

直播标题

文案类型	标题
借势型文案	
戳痛点型文案	
利益型文案	
价值包装型文案	
抽奖型文案	
悬念型文案	

（2）制作直播封面，在班内展示。

（3）撰写直播预热文案。

直播预热文案

文案内容	分发渠道

（4）制作直播预热海报，在班内展示。

3．发布直播预告，在班内展示。

4．发布了直播预告之后，按照直播预热方案在不同的平台进行预热信息分发，并完成直播预热执行情况记录（截图在班内展示）。

直播预热执行情况记录

分发渠道	发布时间	截图

续表

活动总结
通过完成上述活动,你学到了哪些知识或获得了哪些技能?

评价反馈							
序号	评价内容	评价标准	分值	自评	互评	师评
1	选择预热渠道	能够结合直播的主题及直播平台选择合适的直播渠道进行预热,制定直播预热方案	20			
2	制作预热物料	预热物料内容符合直播主题、具有吸引力,并且符合比赛及平台规则,符合大众审美习惯	20			
3	发布直播预告	能够根据发布平台的需求发布直播预告	20			
4	通过其他预热渠道分发预热信息	能够根据直播预热方案进行直播预热信息发布	20			
5	职业素养考核	具有法律意识、平台规则意识;具有审美能力,设计的图片符合大众审美习惯	20			
		合计				
总分	自评(20%)+互评(20%)+师评(60%)=			教师签名:		

活动工卡 4-3-2 直播执行

活动标题	直播执行				
组长		组名		组员	
活动情景描述	在完成直播预热之后,将正式进入直播的执行环节。请根据直播脚本选择符合直播主题的场景、准备直播设备、完成直播间搭建,并且根据直播内容提前准备直播道具,完成直播带货,并记录直播数据。				
活动目标	知识目标 ● 了解直播场景有哪些类型; ● 了解直播需要哪些设备; ● 了解直播需要的道具有哪些; ● 理解直播数据指标的意义。 技能目标 ● 能够根据产品的类型和直播主题搭建直播场景; ● 能够根据直播场景的需要准备合适的直播设备; ● 能够根据直播场景及产品讲解的需要准备直播道具; ● 能够顺利开启直播,结合数据指标进行直播带货。 素养目标 ● 培养学生的团队协作能力与合作意识; ● 培养学生的法律意识,遵守法律法规及平台规则; ● 培养学生的审美能力,创作的内容不低俗,审美取向符合社会主义核心价值观。				
知识学习					

1. 从 4 个不同的角度划分,直播场景有哪些类型?

2. 直播中需要用到哪些设备?

3. 直播前需要准备哪些道具?

4. 直播有哪些数据指标?

活动实施

1. 根据直播的主题及直播商品类型设计直播场景(效果图在班内展示)。

直播场景设计

直播形式	
直播间要求	
直播背景	
直播场地	
直播场地效果图	

续表

2. 根据直播场景的要求准备直播设备，填写直播设备清单。

直播设备清单

直播设备	
灯光设备	
货品陈列	
直播间陈列图	
直播间实景图	

3. 结合直播脚本及主播的需要，提前准备直播道具，填写直播道具清单。

直播道具清单

道具类型	道具要求	举例
直播贴片		
场景辅料		
背景音乐		
讲解道具		

续表

4. 完成开播前测试，并汇总测试结果。

测试结果

测试项目	存在问题（如何改进）	记录人
网络测试		
设备测试（灯光、摄像机、计算机）		
主播走位		

5. 开启直播并进行直播带货，在直播过程中需要密切关注各方面的数据指标，并记录直播数据。

直播数据

直播画面	
展示点击率	
平均停留时长	
互动率	
转粉率	
商品点击率	
转化率	

活动总结

通过完成上述活动，你学到了哪些知识或获得了哪些技能？

评价反馈

序号	评价内容	评价标准	分值	自评	互评	师评
1	搭建直播场景	能够根据直播的主题及直播商品搭建合适的场景	18			
2	准备直播设备	能够根据直播场景的需要准备合适的直播设备	18			
3	准备直播道具	能够根据直播场景及商品讲解的需要准备直播道具	18			
4	开播前测试	能够完成测试，改进问题	18			
5	直播带货	能够顺利开启直播，结合数据指标进行直播带货	18			
6	职业素养考核	具有法律意识、平台规则意识；具有审美能力，设计的图片符合大众审美习惯	10			
		合计				
总分		自评（20%）+互评（20%）+师评（60%）=			教师签名：	